LECTURE TRANSITOIRE

DE

M. LEFEBVRE

de Bernay - en - Ponthieu (Somme)

DESTINÉE A CONDUIRE SUREMENT
LES ÉLÈVES A LA VÉRITABLE **LECTURE COURANTE**
APRÈS QU'ILS ONT PARCOURU LA MÉTHODE
DE LECTURE

> Si la transition est brusque, il faudra de grands efforts ; si la difficulté paraît grande à l'enfant, il refuse de l'affronter.

PROPRIÉTÉ DE L'AUTEUR

SE TROUVE CHEZ LES LIBRAIRES
et chez l'Auteur, rue des Trois-Cailloux, n° 84
à Amiens (Somme).

X

Ⓒ

276

LECTURE TRANSITOIRE

DE

M. LEFEBVRE
de Bernay - en - Ponthieu (Somme)

DESTINÉE A CONDUIRE SUREMENT
LES ÉLÈVES A LA VÉRITABLE **LECTURE COURANTE**
APRÈS QU'ILS ONT PARCOURU LA MÉTHODE
DE LECTURE

> Si la transition est brusque, il faudra de grands efforts ; si la difficulté parait grande à l'enfant, il refuse de l'affronter.

PROPRIÉTÉ DE L'AUTEUR

AMIENS
TYPOGRAPHIE D'ALFRED CARON FILS
Imprimeur de la Préfecture
42, RUE DE BEAUVAIS, 42.
1865

AVIS IMPORTANT.

Le maître expliquera à l'élève, et lui rappellera fréquemment, que les syllabes et les lettres imprimées en caractère gras reproduisent les difficultés des leçons ; — que le caractère italique indique les lettres nulles pour la prononciation. — Il veillera dans tout le cours du livre à ce que l'élève sache parfaitement chaque paragraphe (§) avant de passer au paragraphe suivant.

Exercice pour l'étude du verbe EST.

1ᵉʳ § Ma ta ble **est** la vée ; ton meu ble **est** ci ré.
Ce pa vé **est** pro pre ; ce ta pis **est** sa le.
Ce cé le ri **est** ten dre ; ce me lon **est** mûr.
Ce fos sé **est** lar ge ; ce trou **est** pro fon*d*.
Mon bâ ton **est** lon*g* ; ma ta ble **est** lar ge.
Ton sou **est** neuf ; mon cen ti me **est** trou é.
2ᵉ § Ton ra di*s* **est** ten dre ; ma ra ve **est** du re.
Ma ta ble **est** ron de ; ton pu pî tre **est** trop ba*s*.
Ce si ro*p* **est** dou*x* ; ce vin **est** très-lim pi de.
Pa pa **est** ren tré ; ma man **est** sor ti*e*.
Ce jou jou **est** jo li ; ce tam bour **est** pour Lé on.
Mon vin **est** dou*x* ; ta bi è re **est** très-for te.
Ce mou ton **est** ten dre ; ce jam bon **est** trop sa lé.
3ᵉ § Ce trè fle **est** fleu ri ; ce fro men*t* **est** mûr.
Ma pou le **est** blan che ; ta din de **est** bru ne.
Le li è vre **est** ti mi de ; le la pin **est** peu reu*x*.
Ton fron*t* **est** rou ge ; ton tein*t* **est** frais.
Ton men ton **est** rond ; ta bou che **est** pe ti te.
Ta pos tu re **est** dé cen te ; ce mou ve ment **est** len*t*.
Ton vin **est** bon ; mon ci dre **est** de ve nu ai gre.
Ce linge **est** pro pre ; mon ba*s* **est** trou é.

Exercice sur la finale EZ.

1ᵉʳ § bé b**ez**, cé c**ez**, dé d**ez**, fé f**ez**, gé g**ez**, lé l**ez**, mé m**ez**, né n**ez**, pé p**ez**, ré r**ez**, sé s**ez**, té t**ez**, vé v**ez**, zé z**ez**.

2ᵉ § Vous pa v**ez**, vous ta pa g**ez**, vous mé ri t**ez**, vous la v**ez**, vous ba di n**ez**, vous pe lo t**ez**, vous da m**ez**, vous bou l**ez**, vous dé rou l**ez**, vous ci r**ez**, vous sau c**ez**, vous de meu r**ez**, vous lo g**ez**, vous sou p**ez**, vous demand**ez**, vous le v**ez**, vous son g**ez**, vous pi é ti n**ez**, vous sa l**ez**, vous chan t**ez**, vous chan g**ez**, vous ten t**ez**, vous si é g**ez**, vous vi o len t**ez**, vous bor n**ez**, vous par t**ez**, vous par ta g**ez**, vous char g**ez**, vous re tour n**ez**, vous li m**ez**, vous pla c**ez**, vous bross**ez**, vous pré fé r**ez**, vous pom p**ez**, vous frap p**ez**, vous traî n**ez**.

3ᵉ § Pre n**ez** vo tre li vre pour li re votre le çon.
Vous me prê te r**ez** votre fil de lai ton.
Vous tom be r**ez** si vous mon t**ez** sur ce mur.
Vous pla ce r**ez** ce pa na che sur vo tre cha peau.
Vous dé vi de r**ez** votre fil sur u ne bo bi ne.
Vous ne fe r**ez** pas de pei ne à vo tre ma man.
Vous pas se r**ez** par le plus beau che min.

4ᵉ § Vous se r**ez** pu ni si vous vous sa lis s**ez**.
Vous lan ce r**ez** votre bal le à peu de dis tan ce.
Pla c**ez**-vous près de ma pe ti te ta ble ron de.
Vous me mon tre r**ez** votre jo li li vre neuf.
Vous vous le v**ez** vrai ment trop tard.
Vous ne dé rou le r**ez** pas tout vo tre fil.
Vous la bou re r**ez** ce champ de main ma tin.
Vous de meu re r**ez** près de nous si vous vou l**ez**.
Vous ré ci te r**ez** vos deux le çons ce ma tin.

Mo no syl la be LES-LÈ ; *fi na le* LES-LE.

1ᵉʳ §. La so le, **les** so les ; la pi le, **les** pi les ; la ro tu le, **les** ro tu les ; la pi lu le, **les** pi lu les ; la pa ro le, **les** pa ro les ; la vi gi le, **les** vi gi les ; la vi ro le, **les** vi ro les ; la ra fa le, **les** ra fa les ; la fi le, **les** fi les ; la mo ra le, **les** mo ra les ; le pô le, **les** pô les ; le pé ta le, **les** pé ta les ; la meu le, **les** meu les ; la mou le, **les** mou les ; la bou le, **les** bou les ; la cé dil le, **les** cé dil les ; la pa le, **les** pa les ; la pis to le, **les** pis to les ; la fi o le, **les** fi o les ; la for mu le, **les** for mu les ; la tô le, **les** tô les ; la pa ra bo le, **les** pa ra bo les ; la vo le, **les** vo les ; la ris so le, **les** ris so les ; la pen du le, **les** pen du les.

Mo no syl la be MES - MÈ ; *fi na le* MES - ME.

2ᵉ § Ma li me, **mes** li mes ; ma ra me, **mes** ra mes ; ma la me, **mes** la mes ; ma plu me, **mes** plu mes ; mon vo lu me, **mes** vo lu mes ; mon pro blè me, **mes** pro blè mes ; mon dé ci me, **mes** dé ci mes ; mon cen ti me, **mes** cen ti mes ; mon dô me, **mes** dô mes.

Mo no syl la be TES-TÈ ; *fi na le* TES-TE.

3ᵉ § Ta pâ te, **tes** pâ tes ; ta ja te, **tes** ja tes ; ta to ma te, **tes** to ma tes ; ta pe lo te, **tes** pe lo tes ; ta lé vi te, **tes** lé vi tes ; ta pin te, **tes** pin tes ; ta sa va te, **tes** sa va tes ; ta ren te, **tes** ren tes ; ta vo lu te, **tes** vo lu tes ; ta ven te, **tes** ven tes ; ta ba rat te, **tes** ba rat tes ; ta tan te, **tes** tan tes ; ta jan te, **tes** jan tes ; ta mar mi te, **tes** mar mi tes ; ta poin te, **tes** poin tes ; ta ten te, **tes** ten tes.

Mo no syl la be SES-SÈ; *fi na le* SES-SE.

1er § Sa tas se, **ses** tas ses; sa ré pon se, **ses** ré pon ses; sa bas se, **ses** bas ses; sa dé fen se, **ses** dé fen ses; sa pas se, **ses** pas ses; sa li as se, **ses** li as ses.

Mo no syl la be DES-DÈ; *fi na le* DES-DE.

2e § U ne ri de, **des** ri des; u ne fa ça de, **des** fa ça des; u ne mo de, **des** mo des; u ne pa na de, **des** pa na des; u ne sol de, **des** sol des; u ne pa lis sa de, **des** pa lis sa des; u ne bri de, **des** bri des; u ne so li tu de, **des** so li tu des; u ne pro me na de, **des** pro me na des; une la ti tu de, **des** la ti tu des; u ne pin ta de, **des** pin ta des; u ne fan fa ro na de, **des** fan fa ro na des; u ne cha ra de, **des** cha ra des; u ne li man de, **des** li man des; u ne map pe mon de, **des** map pe mon des; u ne lé gen de, **des** lé gen des; un vi de, **des** vi des; un so li de, **des** so li des.

Mo no syl la be CES-CÈ; *fi na le* CES-CE; CET TE.

3e §. **Cet** te fa ce, **ces** fa ces; **cet** te ra ce; **ces** ra ces; **cet** te no ce, **ces** no ces; **cet** te li ce, **ces** li ces; **cet** te bo na ce, **ces** bo na ces; **cet** te li ma ce, **ces** li ma ces; **cet** te ma li ce, **ces** ma li ces; **cet** te no ti ce, **ces** no ti ces; **cet** te mi li ce, **ces** mi li ces; **cet** te sau ce, **ces** sau ces; **cet** te rai pon ce, **ces** rai pon ces; **cet** te lan ce, **ces** lan ces; **cet** te fi nan ce, **ces** fi nan ces; **cet** te sen ten ce, **ces** sen ten ces; **cet** te se men ce, **ces** se men ces; **cet** te po ten ce, **ces** po ten ces; **cet** te tra ce, **ces** tra ces; **cet** te di li gen ce, **ces** di li gen ces; **cet** te pla ce, **ces** pla ces.

Suite de la finale EZ.

1er §. Bé b**ez**, cé c**ez**, dé d**ez**, fé f**ez**, gé g**ez**, lé l**ez**, mé m**ez**, né n**ez**, pé p**ez**, ré r**ez**, sé s**ez**, té t**ez**, vé v**ez**, zé z**ez**.

2e § Vous tra c**ez**, vous brû l**ez**, vous prou v**ez**, vous so li v**ez**, vous li mi t**ez**, vous sa ti n**ez**, vous sa li v**ez**, vous ra ma g**ez**, vous ra va g**ez**, vous ra m**ez**, vous pa ra f**ez**, vous nu mé ro t**ez**, vous da t**ez**, vous do mi n**ez**, vous ré ci di v**ez**, vous jeû n**ez**, vous re dou t**ez**, vous dé rou t**ez**, vous fou l**ez**, vous meu l**ez**, vous joû t**ez**, vous tem pé r**ez**, vous fi nan c**ez**, vous cen su r**ez**, vous jan t**ez**, vous tem pê t**ez**, vous ven dan g**ez**, vous chô m**ez**, vous che mi n**ez**, vous chaî n**ez**, vous for g**ez**, vous sol d**ez**, vous gen dar m**ez**, vous jar di n**ez**, vous for mu l**ez**, vous tor tu r**ez**, vous bri d**ez**, vous tra m**ez**, vous dra p**ez**, vous blu t**ez**, vous trai t**ez**, vous fran g**ez**.

3e § De man d**ez** vo tre cha peau à vo tre ma man:
Vous chan g**ez** trop sou vent d'o pi ni on.
Vous re tour ne r**ez** sur vos pas sans re tard.
Ne frap p**ez** pas ce pau vre che val four bu.
Vous brû le r**ez** du char bon dans ce po ê le.
Vous pa ra fe r**ez** tou jours vo tre si gna tu re.
Vous nu mé ro te r**ez** les pa ges de ce li vre.

4e § Vous bê che r**ez** vo tre pe tit jar din jeu di.
Vous re dou t**ez** la cha leur de ce feu ar dent.
Vous bros se r**ez** vo tre cha peau neuf.
Vous li r**ez** ce jo li pe tit li vre di man che.
Vous por te r**ez** ce foin sur vo tre ci vi è re.
Sus pen d**ez** vo tre pe tit ta bleau à ce pi ton.
Vous man g**ez** trop de me lon: vous se r**ez** ma la de.

Finale RES-RE.

1er §. La mare, **les** mares; la mûre, **les** mûres; la demeure, **les** demeures; la mire, **les** mires; la bouture, **les** boutures; la rade, **les** rades; la demande, **les** demandes; la paire, **les** paires; la soudure, **les** soudures; la penture, **les** pentures; la tubulure, **les** tubulures; la pâture, **les** pâtures; la tenture, **les** tentures; la mâture, **les** mâtures; la molaire, **les** molaires; la ramure, **les** ramures; la parure, **les** parures; la rature, **les** ratures; la satire, **les** satires.

Finale NES-NE.

2e § La racine, **les** racines; la farine, **les** farines; la bobine, **les** bobines; la famine, **les** famines; la savane, **les** savanes; la ravine, **les** ravines; la reine, **les** reines; la romaine, **les** romaines; la liane, **les** lianes; la doucine, **les** doucines; la diane, **les** dianes; la semaine, **les** semaines; la fontaine, **les** fontaines; la chaîne, **les** chaînes; la chopine, **les** chopines.

Finale GES-GE.

3e § La page, **les** pages; la volige, **les** voliges; la tige, **les** tiges; la vendange, **les** vendanges; la rage, **les** rages; la phalange, **les** phalanges; la loge, **les** loges; le pâturage, **les** pâturages; le juge, **les** juges; le passage, **les** passages; le parage, **les** parages; le ravage, **les** ravages; le refuge, **les** refuges; le piége, **les** piéges; le bandage, **les** bandages; le siége, **les** siéges.

Finale PES-PE.

1ᵉʳ §. La rape, **les** rapes ; la tulipe, **les** tulipes ; la jupe, **les** jupes ; la soupape, **les** soupapes ; la pipe, **les** pipes ; la varlope, **les** varlopes ; la tape, **les** tapes ; la chaloupe, **les** chaloupes ; la troupe, **les** troupes ; la loupe, **les** loupes ; la tempe, **les** tempes ; la pompe, **les** pompes.

Finale VES-VE.

2ᵉ § La rive, **les** rives ; la solive, **les** solives ; la rave, **les** raves ; la preuve, **les** preuves ; la douve, **les** douves ; la gencive, **les** gencives.

Récapitulation des finales TES-TE, RES-RE, *etc.*

3ᵉ § La mite, **les** mites ; la redoute, **les** redoutes ; la pelure, **les** pelures ; la patère, **les** patères ; la tartine, **les** tartines ; la sardine, **les** sardines ; le domaine, **les** domaines ; le songe, **les** songes ; le jambage, **les** jambages ; la bute, **les** butes ; la défaite, **les** défaites ; la nature, **les** natures ; la chaire, **les** chaires.

4ᵉ § Le mensonge, **les** mensonges ; le solfége, **les** solféges ; le fromage, **les** fromages ; la date, **les** dates ; la déroute, **les** déroutes ; **cet**te pièce, **ces** pièces ; **cet**te dépendance, **ces** dépendances ; **cet**te chance, **ces** chances ; la jachère, **les** jachères ; la civière, **les** civières ; la tarière, **les** tarières ; **cet**te préface, **ces** préfaces ; **cet**te redevance, **ces** redevances ; ce prince, **ces** princes ; ce cilice, **ces** cilices ; ce pouce, **ces** pouces.

Ré ca pi tu la tion des fi na les TES-TE, *etc.* (suite).

1ᵉʳ §. La pâ te, **les** pâ tes; la tem pê te, **les** tem pê tes; la no te, **les** notes; la dé ten te, **les** dé ten tes; la ta ni è re, **les** ta ni è res; la pos tu re, **les** pos tu res; la tor tu re, **les** tor tu res; la mot te, **les** mot tes; la mar mi te, **les** mar mi tes; la ra te, **les** ra tes; la ré vol te, **les** ré vol tes; la mor su re, **les** mor su res; la brû lu re, **les** brû lu res; la dou blu re, **les** dou blu res; **cet** te pré ve nance, **ces** pré ve nan ces.

2ᵉ § La pa ta te, **les** pa ta tes; la voû te, **les** voû tes; la to ma te, **les** to ma tes; la fau te, **les** fau tes; la fri tu re, **les** fri tu res; la brochu re, **les** bro chu res; le mur mu re, **les** mur mu res; la li mi te, **les** li mi tes; la joû te, **les** joû tes; la mi nu te, **les** mi nu tes; la meu te, **les** meu tes; la bar ri ère, **les** bar ri è res; la ri vi è re, **les** ri vi è res; la mou chu re, **les** mou chu res; **cet** te vi o lence, **ces** vi o lences.

3ᵉ § La pla nè te, **les** pla nè tes; la rou te, **les** rou tes; le frè re, **les** frè res; le na vi re, **les** na vi res; le pi ra te, **les** pi ra tes; le pi lo te, **les** pi lo tes; le vi vi pa re, **les** vi vi pa res; le no taire, **les** no tai res; le vam pi re, **les** vam pi res; le gî te, **les** gî tes; le ju ris te, **les** ju ris tes; le cen te naire, **les** cen te nai res; le mi li tai re, **les** mi li taires; le ci me tiè re, **les** ci me ti è res; **cet** te re montrance, **ces** re montran ces.

Etude de la conjonction ET.

1er §. Je prie **et** je médite; j'écoute **et** je me tais.
Je pense **et** je parle; je tapisse **et** je brode.
Je nage **et** je plonge; je sors **et** je rentre.
Je me lève **et** je dis ma prière aussitôt.
Je me peigne, je me lave, **et** je déjeûne ensuite.
J'ai vu l'Empereur **et** l'Impératrice à Paris.
J'étudie **mes** leçons **et** ensuite je me promène.
J'ai entendu le rossignol **et** l'étourneau ce matin.
J'ai déniché deux pinsons **et** deux linots.
Mes primevères **et mes** narcisses vont fleurir.
Maman achètera **des** pêches **et des** calvilles.
Ce tremble **et** ce bouleau seront replantés.
Nous fanerons ce trèfle **et** ce sainfoin.
J'éplucherai **cet**te laitue **et ces** deux romaines,
  et je vous préparerai une salade.
2e § Ce pin **et** ce sapin sont très-touffus.
Ce saule **et** ce frêne vont reprendre racine.
Ce lin **et** ce chanvre seront vendus demain.
Le soufre **et** le phosphore sont jaunes.
Le platine **et** l'or sont **des** métaux très-lourds.
Il tombe de la pluie **et** de la neige.
Le vent souffle **et** l'orage inonde le sol.
Je brûle du charme, de l'orme **et** de l'érable.
Le lapin, le rat **et** la souris sont **des** rongeurs.
La vache **et** la brebis sont **des** ruminants.
Le cheval **et** l'âne ont la peau épaisse.
J'ai parcouru **cet**te campagne **et ces** landes.
J'ai fini **mes** deux pages **et** je sais **mes** leçons.
Je te prêterai ma balle **et** ma toupie.
Mes choux, **mes** radis **et mes** porreaux sont
  levés.

C suivi de a, o, u, ai, au, ou, am, an, om, on.
Pronom **elle**.

1er §. **c**a, **c**o, **c**u, **c**ai, **c**au, **c**ou, **c**am, **c**an, **c**om, **c**on, **c**ain ; **el** le.

2e § IN DI CA TIF. IN DI CA TIF. IN DI CA TIF.
Pré sent.   *Pré sent.*   *Pré sent.*

Je **c**a le.   Je **c**ou pe.   Je **c**on su me.
Tu **c**a les.   Tu **c**ou pes.   Tu **c**on su mes.
Il **c**a le.   Il **c**ou pe.   Il **c**on su me.
El le **c**a le. **El** le **c**ou pe. **El** le **c**on su me.
Nous **c**a lons.   Nous **c**ou pons.   Nous **c**on su mons.
Vous **c**a lez.   Vous **c**ou pez.   Vous **c**on su mez.
Ils **c**a lent.   Ils **c**ou pent.   Ils **c**on su ment.
El les **c**a lent. **El** les **c**ou pent. **El** les **c**on su ment.

3e § Le jeû ne du **c**a rê me **est** fa vo ra ble à la san té.
Ce bû che ron rem pla ce le man che de sa **c**o gnée.
Nos mou tons brou te ront sur le **c**ô teau.
Le **c**a nif de Ro dol phe a é té re pas sé ce ma tin.
Ce pe tit **c**a veau a trop peu de pro fon deur.
Si tu as du **c**ou ra ge, tu mon te ras sur ce **c**ô teau.
Ma man pré pa re mon **c**a ta plas me sur le feu.
J'ai re çu u ne cir **c**u lai re ce ma tin **et** je l'ai lu*e*.

4e § La la me du **c**ou teau de pa pa **est** très-min ce.
Je vais **c**ou dre ce vo lant bleu à ma ro be.
L'eau s'é **c**ou le ra très-vi te par ce fos sé.
J'ai **c**on tra ri é pa pa in vo lon tai re ment.
Ce vol **c**an a lan cé un nu a ge de fu mé*e*.
Le bro **c**an teur a chè te ra ce vieu*x* meu ble.
Ce mi li tai re re ce vra son **c**on gé dé fi ni tif.
Vo tre frère a vrai ment beau **c**oup de **c**ou ra ge.
Nous mon te rons sur ce mon ti **c**u le, a fin de dé **c**ou vrir au loin dans la **c**am pa gne.

C suivi de al, ar, as, ol, or, os, ul, ur, us, our, ons, etc.

1er §. cal, car, cas, col, cor, cos, cul, cur, cus,
    cais, caus, coul, cour, cous, cons.

2e §

INDICATIF.	INDICATIF.	INDICATIF.
Présent.	*Présent.*	*Présent.*
Je cal me.	Je cour be.	Je cons ta te.
Tu cal mes.	Tu cour bes.	Tu cons ta tes.
Il cal me.	Il cour be.	Il cons ta te.
Elle cal me.	Elle cour be.	Elle cons ta te.
Nous cal mons.	Nous cour bons.	Nous cons ta tons.
Vous cal mez.	Vous cour bez.	Vous cons ta tez.
Ils cal ment.	Ils cour bent.	Ils cons ta tent.
Elles cal ment.	Elles cour bent.	Elles cons ta tent.

3e § La fleur du col za est d'un jau ne ci tron.
Ce fu nam bu le dan se sur u ne cor de peu so li de.
Ce beau temps se ra fa vo ra ble à la ré col te.
La pen te de cet te col li ne est très-dou ce.
Le mar bre est très-dur et très-cas sant.
Pa pa at ta che ra le li col au cou du che val.
Mon frè re a fait son cal cul sans fau te.

4e § J'ai de la col le for te, je re col le rai mon vi o lon.
Phi lip pe a cas sé le car reau de la por te.
Nous pas se rons fa ci le ment dans ce lar ge cor ri dor.
Ce che min te con du i ra au car re four de la rou te.
Les cor des de mon vi o lon sont trop fi nes.
La cul pa bi li té de ce dé te nu a é té prou vée.
Le pé don cu le de cet te fleur est très-court.
U ne for te se cous se a é bran lé cet te mon ta gne.
J'ai pro fi té d'u ne cir cons tan ce fa vo ra ble.

Tes cal vil les sont très-beaux, ils pous sent ra pi de ment; les nô tres sont fort en re tard, ils pro fi tent len te ment.

G suivi de a, o, u, ai, au, ou, am, an, om, on.

1er §. ga, go, gu, gai, gau, gou, gam, gan, gom, gon, gain.

2° § INDICATIF.　　　INDICATIF.　　　INDICATIF.
　　　Présent.　　　*Présent.*　　　*Présent.*

Je gâte.	Je goûte.	Je rengaîne.
Tu gâtes.	Tu goûtes.	Tu rengaînes.
Il gâte.	Il goûte.	Il rengaîne.
Elle gâte.	Elle goûte.	Elle rengaîne.
Nous gâtons.	Nous goûtons.	Nous rengaînons.
Vous gâtez.	Vous goûtez.	Vous rengaînez.
Ils gâtent.	Ils goûtent.	Ils rengaînent.
Elles gâtent.	Elles goûtent.	Elles rengaînent.

3° § Nous porterons ces fagots sur une civière.
Je comprends le langage de cette étrangère.
Ces bûcherons vivent dans la frugalité.
J'ai reçu un gage de votre confiance.
Je me lave les mains et ensuite la figure.
L'odeur du goudron me fait mal à la tête.
L'eau coulera dans le pré par cette goulotte.
4° § Je n'ai pas faim : je goûterai plus tard.
Mon frère est malade : il ne mange pas de ragoût.
Votre vache trouvera une pâture abondante dans ce beau regain de sainfoin.
Ces deux militaires sont des dragons.
Le langage de Sigismond est du véritable jargon.
Mon fourgon n'atteint pas le fond du four.
Je fais mes préparatifs : la gondole part à midi.
Mon ballon est trop mou : je le regonflerai tantôt.
Ce petit garçon a reçu des tapes de son papa.
Je garde ma chambre, car j'ai mal à la gorge.
Maman nous régalera de gâteaux à midi.

G suivi de al, ar, as, ol, or, os, ul, ur, us, our, ous.

1er §. gal, gar, gas, gol, gor, gos, gur, gus, gut, gour, gous, gout.

2e §

INDICATIF.	INDICATIF.	INDICATIF.
Présent.	*Présent.*	*Présent.*
Je garde.	Je gourmande.	Je dégoutte.
Tu gardes.	Tu gourmandes.	Tu dégouttes.
Il garde.	Il gourmande.	Il dégoutte.
Elle garde.	Elle gourmande.	Elle dégoutte.
Nous gardons.	Nous gourmandons.	Nous dégouttons.
Vous gardez.	Vous gourmandez.	Vous dégouttez.
Ils gardent.	Ils gourmandent.	Ils dégouttent.
Elles gardent.	Elles gourmandent.	Elles dégouttent.

3e § Mon frère dégonflera nos deux ballons.
Je me déganterai pour ouvrir la porte.
Papa rentrera jeudi, et maman fera un régal.
Mon frère est malade : en fera venir une garde.
Ce vieux chêne est dégarni de son branchage.
Gaspard a toujours beaucoup de courage.
Monte sur la tour et regarde la campagne.

4e § Ces porcs ramassent des gousses de fèves.
J'ai reçu une goutte d'eau sur ma main gauche.
La profondeur de ce gouffre me fait peur.
Ce poulain a la bouche remplie de gourme.
La gouttière est trop petite : l'eau déborde.
Je marcherai un peu pour dégourdir mes jambes.
Gustave a toujours beaucoup de prudence.
Prenons du pain : nous goûterons dans les champs.
Le petit Gontrand a monté sur le garde-fous dimanche pendant les vêpres, et il a tombé dans la rivière ; on l'a retiré de l'eau à demi-mort.
Dimanche prochain, Gontrand ira à vêpres.

— 16 —

C dur à la fin des syllabes après a, i, o, u,

1ᵉʳ §. ac, ic, oc, uc, oc, ic, ac, ic, uc, ic, ac, oc.
2ᵉ §. bac, dac, fac, jac, lac, mac, nac, pac, rac,
sac, tac, vac, cac, tac, rac, nac, lac, fac, pac,
bic, dic, fic, lic, mic, nic, pic, ric, sic, tic, vic, zic,
boc, coc, doc, joc, loc, noc, roc, soc, toc, roc, joc,
buc, duc, juc, luc, ruc, suc, tuc, ruc, juc, buc, suc.

3ᵉ §. IN DI CA TIF.   IN DI CA TIF.   IN DI CA TIF.
Pré sent.   *Pré sent.*   *Pré sent.*

Je dic te.   Je vac ci ne.   Je vic ti me.
Tu dic tes.   Tu vac ci nes.   Tu vic ti mes.
Il dic te.   Il vac ci ne.   Il vic ti me.
Elle dic te.   Elle vac ci ne.   Elle vic ti me.
Nous dic tons.   Nous vac ci nons.   Nous vic ti mons.
Vous dic tez.   Vous vac ci nez.   Vous vic ti mez.
Ils dic tent.   Ils vac ci nent.   Ils vic ti ment.
Elles dic tent.   Elles vac ci nent.   Elles vic ti ment.

4ᵉ §. Le pic, le roc, le lac, le soc, le suc, le sac,
le tac, le tic-tac, le toc sin, le juc, le su mac,
le pac te, le mas tic, le tra fic, le tic, le joc ko,
le doc teur, le dic ta teur, le fac teur, le vac cin,
le sac ca geur, le bac, le ré dac teur, le suc cin,
la fac tu re, la jac tan ce, la ca ta rac te, la sac ca de,
la vic ti me, la mac tre, la doc tri ne, la vac ci ne,
la ma nu fac tu re, la suc cur sa le, la duc ti li té.

5ᵉ §. Mon mar teau suf fi ra pour rom pre ce roc.
Je pas se rai de l'autre cô té du lac en ba teau.
Le soc de ma char rue est beau coup trop poin tu.
La sè ve est le suc nu tri tif du vé gé tal.
Nous rem pli rons ces deux sacs de fro ment.
Le mou lin tour ne : on va en ten dre son tic-tác.
J'ai en ten du le toc sin et j'ai cou ru au feu.

C dur après bou, lan, zin, jon, bra, tro, flu, etc.

1er § ouc, anc, inc, onc, rac, ric, roc, ruc, lac, lic, loc, luc, bic, loc, ruc, lic, rac, luc, roc, eic, ruc. bouc, rouc, touc, lanc, sanc, cinc, linc, tinc, zinc ; donc, fonc, jonc, ponc ; brac, bric, bruc ; frac, fric, froc, trac, troc ; blac, blic, bloc ; flac, flic ; choc.

2e § INDICATIF. INDICATIF. INDICATIF.
Présent. *Présent.* *Présent.*
Je sanc ti fie. Je fruc ti fie. Je con trac te.
Tu sanc ti fies. Tu fruc ti fies. Tu con trac tes.
Il sanc ti fie. Il fruc ti fie. Il con trac te.
Elle sanc ti fie. Elle fruc ti fie. Elle con trac te.
Nous sanc ti fi ons. Nous fruc ti fi ons. Nous con trac tons.
Vous sanc ti fi ez. Vous fruc ti fi ez. Vous con trac tez.
Ils sanc ti fient. Ils fruc ti fient. Ils con trac tent.
Elles sanc ti fient Elles fruc ti fient Elles con trac tent

3e §. Le bouc, le frac, le froc, le troc, le choc, le blac, le bloc, le zinc, le flic-flac, le bric-à-brac, le fructidor, le sanctuaire, la fracture, la ponctualité, la bractée, la flaccidité, la contracture.

4e §. L'odeur du bouc se sent de fort loin.
J'ai mis mon frac, mais je n'ai pas chaud.
Je n'ai pas ven du mon che val : je fe rai un troc.
J'ai re çu un choc vi o lent et j'ai été é tour di.
Ce bruc se ra pour nous fai re des ba lais.
Ce bloc de mar bre s'en fon ce dans le sa ble.
J'a chè te rai un seau en zinc jeu di pro chain.
Le flic-flac de ce la bou reur m'é tour dit.
J'ai ache té un vi eux ré chaud et un vi eux ti re-
 bou chon à ce mar chand de bric-à-brac.
Je fe rai du ca fé frais dans l'a lam bic neuf.
Vous ré ci te rez sou vent l'acte de cha ri té.

Ar ti cu la tions cl, cr, sui vies des vo y el les sim ples.

1er §. cla, clâ, cle, clé, clè, cli, clo, clô, clu, clû;
cra, crâ, cre, cré, crè, crê, cri, cro, cru, crû.

2° § INDICATIF.   INDICATIF.   INDICATIF.
Im par fait.   *Im par fait.*   *Im par fait.*
Je clo chais.   Je cra chais.   Je cri blais.
Tu clo chais.   Tu cra chais.   Tu cri blais.
Il clo chait.   Il cra chait.   Il cri blait.
El le clo chait.   El le cra chait.   El le cri blait.
Nous clo chi ons.   Nous cra chi ons.   Nous cri blions.
Vous clo chi ez.   Vous cra chi ez.   Vous cri bli ez.
Ils clo chaient.   Ils cra chaient.   Ils cri blaient.
El les clo chaient   El les cra chaient   El les cri blaient.

3° §. Le cri, le bi no cle, le Cré a teur, le cro co di le, le dé cri, le fi a cre, le sa cri lé ge, le su crin, le crê pe, le clo por te, le dé mo cra te, la crê te, la cré an ce, la croû te, la crou pe, la cri niè re, la cré pis su re, la crou piè re, la crê miè re, la cras sa ne, la dé cré pi tu de.

4° §. J'ai cru pa pa et ma man : je m'en fé li ci te.
La cré a tu re se ré vol te con tre son Cré a teur.
J'ai a che té u ne tar te à la crè me au pe tit Léon.
L'o deur de la clé ma ti te me plaît beau coup.
Lau ren ti ne tou che du cla ve cin et du pi a no.
Le che val de Char les a des mus cles très-forts.
Le cli mat du mi di de la Fran ce est très-doux.
Le no tai re pren dra Mau ri ce pour é cri vain.
L'eau cou le ra sur la cré pis su re de ce mur.
Le vi ce a mè ne ra pi de ment la dé cré pi tu de.
Ma man nous ré ga le ra de crê pes à mi di.
La cri niè re de mon che val est blan che.
Les cris de ces bam bins me fen dent la tê te.

Ar ti cu la tions CL, CR. *sui vies des voy el les com po sées.*
1ᵉʳ §. clai, clam, clen, clin, clip, clas, clis, clair, crai, crou, croû, cram, crin, crain, cron, crot.
2ᵉ §. IN DI CA TIF.   IN DI CA TIF.   IN DI CA TIF.

Im par fait.	*Im par fait.*	*Im par fait.*
Je clou tais.	Je clas sais.	Je crou lais.
Tu clou tais.	Tu clas sais.	Tu crou lais.
Il clou tait.	Il clas sait.	Il crou lait.
El le clou tait.	**El** le clas sait.	**El** le crou lait.
Nous clou ti ons.	Nous clas si ons.	Nous crou li ons.
Vous clou ti **ez**.	Vous clas si **ez**.	Vous crou li **ez**.
Ils clou taient.	Ils clas saient.	Ils crou laient.
El les clou taient.	**El** les clas saient.	**El** les crou laient

3ᵉ §. L'é cri vain, l'écrou, l'é cri teau, l'au to cra te, l'on cle, l'é cran, l'é clair, l'é crin, l'é clai ra ge, u ne en clu me, u ne é cre vis se, u ne é chan cru re, u ne é cri tu re, u ne é clen che, u ne é clip se, u ne é clis se, u ne au to cra tri ce.

4ᵉ §. La crê mi è re ap por te ra du fro ma ge mou
J'en tends le clai ron re ten tir au lo in.
Al phon se frappera un clou dans le mur.
Si mon fait le clam pin : il n'é crit pas sa pa ge.
La crê te de ma pou le blanche **est** tou te rou ge.
La croû te de no tre pain **est** trop bru ne.
Le che val de Fré dé ric a u ne lar ge crou pe.
A na to le **et** Cé ci le sont ren trés de la clas se.
Ju les a rem por té le prix d'é cri tu re.
Ma ju pe **et** ma ro be sont fort crot tées.
L'en clu me de ce for ge ron re ten tit fort loin.
Nous ren tre rons sur le dé clin du jour.
Le loup **et** le li on mar chent ; la cou leu vre **et** le cro co di le ne mar chent pas, ils ram pent.

Ar ti cu la tions GL, GR, *sui vies des voy el les sim ples*

1ᵉʳ §. gla, glâ, gle, glé, glè, gli, glo, glu, gle.
gra, gre, gré, grè, grê, gri, gro, gros, gru.

2ᵉ §   IN DI CA TIF.   IN DI CA TIF.   IN DI CA TIF.
Im par fait.   *Im par fait.*   *Im par fait.*

Je gla çais.   Je gra vais.   Je gre lot tais.
Tu gla çais.   Tu gra vais.   Tu gre lot tais.
Il gla çait.   Il gra vait.   Il gre lot tait.
Elle gla çait.   Elle gra vait.   Elle gre lot tait.
Nous gla ci ons.   Nous gra vi ons.   Nous gre lot tions.
Vous gla ci ez.   Vous gra vi ez.   Vous gre lot ti ez.
Ils gla çaient.   Ils gra vaient.   Ils gre lot taient.
Elles gla çaient.   Elles gra vaient.   Elles gre lot taient.

3ᵉ §. Le de gré, le fi li gra ne, le glu au, le gro gneur, le cal li gra phe, le pa ra gra phe, le gla pis se ment, la gla ne, la glè be, la glè ne, la gre na de, la gla nu re, la glu ci ne, la gri ot te, la grê le, la glo bu lai re, la pie-gri è che.

4ᵉ §. La grê le a ra va gé ce beau champ de blé.
Vo tre né gli gen ce a mis vo tre papa en re tard.
L'art du la bou ra ge a beau coup d'a gré ments.
J'ad mi re la ra pi di té du vol de l'ai gle.
Je vais fai re un ca ta plas me pour ce gros clou, car il me fait beau coup souf frir.
J'ai bu de ce vin ai gre : il m'a brû lé la gor ge.
Le bat tant de cet te clo che est trop gros.
La nei ge tom ba par gros flo cons ce ma tin.
Notre pau vre che val est de ve nu a veu gle.
Je vais fai re u ne pe ti te cour se sur la glace.
Le gra veur gra ve ra mon nom sur ma tim ba le.
As-tu en ten du le gla pis se ment du re nard ?
Je vais fai re u ne pe ti te gla ne de blé.

Ar ti cu la tions GL, GR, *sui vies des voy el les com po sées.*

1er § glou, glan, glon, glas, glos, glot, glous, glis, glands ; gra, gré, gri, gro, gru, grai, gran, grap, grif, grip, grin, grim, grain, gros, gras, greur, grand.

2° § INDICATIF.　　INDICATIF.　　INDICATIF.
Im par fait.　　*Im par fait.*　　*Im par fait.*

Je glis sais.　　Je grim pais.　　Je glous sais.
Tu glis sais.　　Tu grim pais.　　Tu glous sais.
Il glis sait.　　Il grim pait.　　Il glous sait.
Elle glis sait.　　Elle grim pait.　　Elle glous sait.
Nous glis si ons.　Nous grim pi ons.　Nous glous sions.
Vous glis si ez.　Vous grim pi ez.　Vous glous si ez.
Ils glis saient.　Ils grim paient.　Ils glous saient.
Elles glis saient.　Elles grim paient.　Elles glous saient.

3e §. Le grain, le grim pe reau, le glas, le gla na ge, le gla neur, le glis sant, le glous se ment, le grif fon, le glis sé, le glos sai re, la glan dée, la glan du le, la glot te, la bu glos se, la mai greur, la glos so lo gie, la glos so to mie, la glos so gra phie.

4° §. La grai ne du chan vre **est** du chê ne vis.
La sau ce du rô ti **est** dans la gran de sau ci è re.
No tre vaisseau a é té en glou ti par u ne trom be.
Ce pré ci pi ce a u ne gran de pro fon deur.
Mes clé ma ti tes grim pe ront sur ce pe tit frê ne.
Cet te li gne **est** trop **c**our te **et** trop gros se.
J'ai lu la vie d'un grand nom bre de so li tai res.
Ce mar chand a a che té nos deux va ches gras ses.
Je vais fai re u ne gros se pi le de li vres.
Je fe rai le grand tour du la**c** dans ce ba teau.
Je ra mas se rai **des** glands sous ce gros chê ne.
Un seul grain de blé a pro duit **ces** dix ti ges.
Le **c**ou **c**ou **est** ran gé par mi **les** grim peurs.

Ex er ci ce sur la diph thon gue oi.

1er §. boi, boî, çoi, coi, foi, loi, moi, noi, poi, pois, roi, roie, soi, toi, voi, voit.

2e §.

IN DI CA TIF.	IN DI CA TIF.	IN DI CA TIF.
Im par fait.	*Im par fait.*	*Im par fait.*
Je boi tais.	Je moi rais.	Je voi lais.
Tu boi tais.	Tu moi rais.	Tu voi lais.
Il boi tait.	Il moi rait.	Il voi lait.
Elle boi tait.	Elle moi rait.	Elle voi lait.
Nous boi ti ons.	Nous moi ri ons.	Nous voi li ons.
Vous boi ti ez.	Vous moi ri ez.	Vous voi li ez.
Ils boi taient.	Ils moi raient.	Ils voi laient.
Elles boi taient.	Elles moi raient.	Elles voi laient.

3e §. Le roi, le voi le, le té moi gna ge, le gri moi re, le poi vre, le tour noi, le ci boi re, le la bo ra toi re, la loi, la voi le, la poi vri è re, la ba lan çoi re, la toi le, la moi ti é, la voi tu re, la pas soi re, la foi, la poi re, la cour roie, la glis soi re.

4e §. Ma tan te **est** ve nue pour fai re la soi rée.
Les fleurs de ma pi voi ne se ront rou ges.
Ces poi res sont d'un goût très-dé li cat.
Je pla ce rai vo tre ban deau et vo tre voi le.
Voi ci un mas sif de tu li pes ad mi ra bles.
Pa pa m'a a che té u ne jo lie boî te de jou joux.
Ces jeunes pâ tres soi gnent leurs trou peaux.
Pa pa et moi nous se rons ci ta dins de Pa ris.
Vo tre cha ri té mon trera le de gré de vo tre foi.
La voi tu re est prê te : nous pou vons par tir.
On voit la lu mi è re de ce pha re de fort loin.
Mon che val a la so le fou lée et il boi te.
Ces grands pois tom be ront fau te de ra mes.
Je prie pour u ne â me du pur ga toi re.

Ex er ci ce sur les syl la bes com men çant par GU.
1ʳ §. gua, guâ, guas, gue, gues, gué, guè, guê, gui.
2ᵉ §. IN DI CA TIF.   IN DI CA TIF.   IN DI CA TIF.
Pas sé dé fi ni. Pas sé dé fi ni. Pas sé dé fi ni.
Je gui dai.   Je gui pai.   Je guê trai.
Tu gui das.   Tu gui pas.   Tu guê tras.
Il gui da.   Il gui pa.   Il guê tra.
Elle gui da.   Elle gui pa.   Elle guê tra.
Nous guidâmes. Nous gui pâ mes. Nous guê trâ mes.
Vous gui dâ tes. Vous gui pâ tes. Vous guê trâ tes.
Ils gui dè rent. Ils gui pè rent. Ils guê trè rent.
Elles guidèrent Elles gui pèrent Elles guêtrèrent.
3ᵉ §. La va gue, les va gues ; la dro gue, les dro gues ;
la li gue, les li gues ; la bri gue, les bri gues ;
la fi gue, les fi gues ; la lan gue, les lan gues ;
la di gue, les di gues ; la gue non, les gue nons ;
la guê tre, les guê tres ; la guê pe, les guê pes ;
la fa ti gue, les fa ti gues ; la sy na go gue,
les sy na go gues ; la gué ri te, les gué ri tes ;
la me rin gue, les me rin gues ; la se rin gue,
les se rin gues ; la mar gue ri te, les mar gue ri tes ;
la gue nu che, les gue nu ches ; la bé gui ne,
les bé gui nes ; la do gui ne, les do gui nes.
4ᵉ §. A vez-vous dis tin gué la voix de mon frè re.
Le ba var da ge de ces bam bins me fa ti gue.
Cet te gue non est la mè re de ce pe tit sin ge.
La ju pe de ta ro be est beau coup trop lon gue.
Je pré fè re ma pe ti te ta ble à ce gué ri don.
Les for ge rons sont très-durs à la fa ti gue.
Le chat a la lan gue ar mée de po in tes.
Ce pe tit gar çon a é té mor du par u ne guê pe.
Je n'a ga ce rai ja mais les guê pes.

Ex er ci ce sur les syl la bes com men çant par QU.

1ᵉʳ § qua, que, ques, què, qui, quan, quen, quit, qu'un.

2ᵉ § IN DI CA TIF.   IN DI CA TIF.   IN DI CA TIF.
    Passé dé fi ni. Pas sé dé fi ni. Pas sé dé fi ni.

Je qua li fi ai.   Je quin tai.   Je fré quen tai.
Tu qua li fi as.   Tu quin tas.   Tu fré quen tas.
Il qua li fi a.   Il quin ta.   Il fré quen ta.
El le qua li fi a. **El** le quin ta. **El** le fré quen ta.
Nous qua li fi â mes Nous quin tâ mes Nous fré quen tâ mes
Vous qua li fi â tes. Vous quin tâ tes. Vous fré quen tâ tes.
Ils qua li fi è rent. Ils quin tè rent. Ils fré quen tè rent.
El les qua li fi è ren*t* **El** les quin tè rent **El** les fré quen tè rent

3ᵉ §. La qui ni ne ; la bar ri que, **les** bar ri ques ; la bar que, **les** bar ques ; la lo gi que, **les** lo gi ques ; la **c**o que, **les c**o ques ; la ré pli que, **les** ré pli ques ; la bri que, **les** bri ques ; la re mar que, **les** re mar ques ; la to que, **les** to ques ; la fa bri que, **les** fa bri ques ; la pi que, **les** pi ques ; la que not te, **les** que not tes ; la mar que, **les** mar ques ; la fla que, **les** fla ques ; la **c**a que, **les c**a ques ; la quit tan ce, **les** quit tan ces ; la quan ti té, **les** quan ti tés ; la qua li té, **les** qua li tés ; la bour ras que, **les** bour ras ques ; la **c**on sé quen ce, **les c**on sé quen ces ; la **c**on quê te, **les c**on quê tes ; la qua ran tai ne, **les** qua ran tai nes.

4ᵉ §. Vo tre jeu ne **c**he val a un pe la ge ma gni fi que.
No tre chat te a qua tre pe ti*t*s cha tons.
Le sa pa jou a la tê te plus pla te que le sin ge.
On fe ra u ne quê te pour ce pau vre ma la de.
Voi ci du vin d'u ne qua li té su pé ri eu re.
Ma man a ven du u ne **g**ran de quan ti té de **poi** res.
A van **cez** qua tre **c**en*t*s pas plus lo in dans la fo rêt,
et vous trou ve **rez** la ba ra que du **g**ar de.

Exercice sur la finale ER-É.

1er §. ger, ner, per, ter, ver; bier, biers, cier, ciers; lier, liers; nier, niers; rier, riers; sier, siers; tier, tiers; cher, chers; drier, driers; quier, quiers; clier, cliers;

2e §. Le bénitier, les bénitiers; le cavalier, les cavaliers; le sabotier, les sabotiers; le savetier, les savetiers; le banquier, les banquiers; le douanier, les douaniers; le bananier, les bananiers; le bouclier, les boucliers; le courrier, les courriers; le quartier, les quartiers; le baudrier, les baudriers; le bourbier, les bourbiers; le bijoutier, les bijoutiers; le coucher, les couchers; le balancier, les balanciers; le coutelier, les couteliers; le meunier, les meuniers; le tapissier, les tapissiers;

3e §. Je vais couper ces rejetons pour les planter.
J'ai entendu le coucou chanter dimanche.
Vous rentrerez ce bois dans le petit bûcher.
Vous prendrez des poires pour votre goûter.
La roue de ce moulin va tourner trop vite.
Ce pauvre n'a qu'un morceau de pain pour dîner.
J'ai vu le lever de la pleine lune ce soir.
Ce bûcheron porte son dîner dans son potager.
Ces militaires vont se rendre au quartier.
Le déjeûner est prêt: papa est déjà à table.
J'ai récolté cent pêches sur ce pêcher.
Notre boulanger fait du pain délicieux.
J'ai répandu ma tasse de lait sur le plancher.
Maman va préparer notre souper.
Ce laboureur va manger son chanteau de pain.

Verbe auxiliaire AVOIR.

Faire remarquer à l'élève que l's gras forme liaison avec la valeur du z.

1ᵉʳ §. INDICATIF. — Présent.
J'ai.
Tu as.
Il a.
Elle a.
Nous avons.
Vous avez.
Ils ont.
Elles ont.

2ᵉ §. INDICATIF. — Passé indéfini.
J'ai eu.
Tu as eu.
Il a eu.
Elle a eu.
Nous avons eu.
Vous avez eu.
Ils ont eu.
Elles ont eu.

3ᵉ §. INDICATIF. — Futur.
J'aurai.
Tu auras.
Il aura.
Elle aura.
Nous aurons.
Vous aurez.
Ils auront.
Elles auront.

INDICATIF. — Imparfait.
J'avais.
Tu avais.
Il avait.
Elle avait.
Nous avions.
Vous aviez.
Ils avaient.
Elles avaient.

INDICATIF. — Passé antérieur.
J'eus eu.
Tu eus eu.
Il eut eu.
Elle eut eu.
Nous eûmes eu.
Vous eûtes eu.
Ils eurent eu.
Elles eurent eu.

INDICATIF. — Futur antérieur.
J'aurai eu.
Tu auras eu.
Il aura eu.
Elle aura eu.
Nous aurons eu.
Vous aurez eu.
Ils auront eu.
Elles auront eu.

INDICATIF. — Passé défini.
J'eus.
Tu eus.
Il eut.
Elle eut.
Nous eûmes.
Vous eûtes.
Ils eurent.
Elles eurent.

INDICATIF. — Plus-que-parfait.
J'avais eu.
Tu avais eu.
Il avait eu.
Elle avait eu.
Nous avions eu.
Vous aviez eu.
Ils avaient eu.
Elles avaient eu.

CONDITIONNEL. — Présent.
J'aurais.
Tu aurais.
Il aurait.
Elle aurait.
Nous aurions.
Vous auriez.
Ils auraient.
Elles auraient.

Ex er cice sur les syl la bes EB, ED, EF, EL, EP, ER, ETC.

1er §. èbe, eb, ed, ef, el, ep, er, es, et, es, ep, ef.
bel, cel, del, mel, nel, pel, rel, sel, tel, vel, zel, trel.

2e §. IN'DI CA TIF.   IN DI CA TIF.   IN DI CA TIF.

Pas sé in dé fi ni.   Passé in dé fi ni.   Passé in dé fi ni.

J'ai vel té.   J'ai que rel lé.
Tu as vel té.   Tu as que rel lé.
Il a vel té.   Il a que rel lé.
El le a vel té.   El le a que rel lé.
Nous avons velté.   Nous avons que rel lé.
Vous a vez'vel té.   Vous a vez que rel lé.
Ils ont vel té.   Ils ont que rel lé.
El les ont vel té.   El les ont que rel lé.

3e §. La sel le, la dau phi nel le, la nou vel le, la tou rel le, la pru nel le, la ma mel le, la mi ra bel le, la chan del le, la ré bel li on, la li bel lu le, la ci ta del le, la pou trel le, la mé rel le, la se mel le, la cel lu le, la fe mel le, la ga zel le, la mus ca del le, le re bel le, le ca mel li a, le vi o lon cel le, le sa tel li te, le cham bel lan.

4e §. Ces pru nel les sont sû res, n'en man gez pas.
Ma man me fe ra un ca le çon de fla nel le.
Le se rin mâ le est plus pe tit que la fe mel le.
Clé men ce a mis trop peu de sel dans la sou pe.
Tou tes ces dau phi nel les vont fleu rir.
Vous m'ap por te rez ce pa ni er de mi ra bel les.
Ce mas sif de ca mel li as est ma gni fi que.
Vous re ce vrez de mes nou vel les de main.
La sel le de mon che val noir est trop lour de.
J'ai sui vi les sol dats jus qu'à la ci ta del le.

Exercice sur la syllabe AIL, *etc.*

1ᵉʳ §. ail, bail, bâil, dail, fail, jail, lail, mail, mails, nail, nails, pail, rail, rails, sail, tail, vail, ails, cail, cails, gail, l'ail, trail, trails, grail.

2ᵉ §. bailli, baillé, baillon, baillia, daillon, failli, pailla, paillon, pailleur, taille, taillé, taillant, vaillant, taillon, tailleur, vailleur.

3ᵉ § INDICATIF.   INDICATIF.

Passé antérieur.   *Passé antérieur.*
J'eus taillé.   J'eus bâillé.
Tu eus taillé.   Tu eus bâillé.
Il eut taillé.   Il eut bâillé.
Elle eut taillé.   Elle eut bâillé.
Nous eûmes taillé.   Nous eûmes bâillé.
Vous eûtes taillé.   Vous eûtes bâillé.
Ils eurent taillé.   Ils eurent bâillé.
Elles eurent taillé.   Elles eurent bâillé.

4ᵉ §. Le rail, le mail, l'émail, le bétail, le détail, le camail, le corail, le portail, le travail, le batail, le failli, le bailli, la baillive, le bâilleur, le bâillement, le paillasson, le tailleur, le bataillon, le rempailleur, le détaillant, le tirailleur, le vaillant, le taillant, le médaillon, le rempaillage, le pailleur, le bailliage, le travailleur, le bâillon, le paillon, le taille-plumes, le gouvernail.

§ 5. Le travail que fait Léon est peu important.
Le bétail aime à paître au printemps.
J'écrirai le détail de cette affaire à papa.
Je ne puis supporter l'odeur de l'ail.
Les rails des chemins de fer sont de la fonte.
La paille de ma paillasse est renouvelée.

Con son nes dou bles dont la pre mi è re est nul le.
1er § ro ne, ron ne ; so na, son na ; zo ne, zon ne ;
bo neau, bon neau ; mo neau, mon neau ; gi o nai, gi on nai ;
si o nai, si on nai ; go ma, gom ma ; go neur, gon neur ;
co man, com man ; co mer', com mer ; co nais, con nais.
2e § Le com man dant, le com mer çant, le com men çant,
le com mu ni ant, le con nais seur, le fau con neau,
le fau con nier, le con né ta ble, le cram pon net,
le com mis sai re, le com men tai re, le com mer ce,
le com men ce ment, le cou ron ne ment, le com mis,
le com mis si on nai re, le com mis sa ri at, le com ma,
le jam bon neau, le jar gon neur, le sau mon neau,
le per son na ge, le per son nel, le ga zon ne ment,
le pa ra ton ner re, le lé gi on nai re, le pom meau,
le ma qui gnon na ge, le grif fon na ge, le pom mé,
le pa pi er-mon naie, l'or don na teur, le pom mi er,
l'or don nan ce ment, le grif fon neur, le ro gom me,
3e § L'em pe reur a pen sion né ces vi eux sol dats.
Ce jeune com man dant va ê tre nom mé co lo nel.
Je vous par don ne tout le mal que vous m'a vez fait.
Dans six se maines on mois son ne ra les fro ments.
Je re con nais fa ci le ment vo tre pa pa à sa voix.
Ca ro li ne, vous lais se rez mi ton ner le po ta ge.
Voi là de la vais sel le on ne peut mi eux sa blon née.
Je crois que ces lai tues ne pom me ront pas.
Vois com me ma bon ne pom pon ne mon pe tit frère.
Ma man a ache té un jam bon et un jam bon neau.
No tre che val gris com men ce à se pom me ler.
Ce jars ne fait que jar gon ner de puis ce matin.
Le poil de mon bar bet com men ce à se mou ton ner.
Je fe rai gazon ner le bord de cet te fon tai ne.
Les pa ra ton ner res ga ran tis sent de la fou dre.

Suite du verbe auxiliaire AVOIR.

1er § CONDITIONNEL

Passé.

J'au rais eu.
Tu au rais eu.
Il au rait eu.
Elle au rait eu.
Nous au ri ons eu.
Vous au ri ez eu.
Ils au raient eu.
Elles au raient eu

Autre conditionnel.

Passé.

J'eus se eu.
Tu eus ses eu.
Il eût eu.
Elle eût eu.
Nous eussions eu.
Vous eus si ez eu
Ils eus sent eu.
Elles eus sent eu

IMPÉRATIF.

Présent et futur.

Aie.
Ayons.
Ayez.

2e § SUBJONCTIF.

Présent et futur.

Que j'aie.
Que tu aies.
Qu'il ait.
Qu'elle ait.
Que nous ayons.
Que vous ayez.
Qu'ils aient.
Qu'elles aient.

SUBJONCTIF.

Imparfait.

Que j'eus se.
Que tu eus ses.
Qu'il eût.
Qu'elle eût.
Que nous eussions
Que vous eussiez
Qu'ils eus sent.
Qu'elles eus sent.

SUBJONCTIF.

Passé.

Que j'aie eu.
Que tu aies eu.
Qu'il ait eu.
Qu'elle ait eu.
Que n. ayons eu.
Que v. ayez eu.
Qu'ils aient eu.
Qu'elles aient eu

3e § SUBJONCTIF.

Plus-que-parfait.

Que j'eus se eu.
Que tu eus ses eu.
Qu'il eût eu.
Qu'elle eût eu.
Que n. eus sions eu
Que v. eus siez eu
Qu'ils eus sent eu
Qu'elles eus sent.

INFINITIF.

Présent.

Avoir.

INFINITIF.

Passé.

Avoir eu.

PARTICIPE.

Présent.

Ayant.

PARTICIPE.

Passé.

Eu.
Eue.
Ayant eu.

PARTICIPE.

Futur.

Devant avoir.

Ex er ci ce sur les syl la bes SPA, SPÉ, SPI, *etc.*

1er §. sta, sté, sti, sty, sto, stu, stal, stoff, stuc, stig ; spa, spé, spi, spo, spar, spas, spec ; scé, scè, scie, sceau, sci a, sci u, sci en, sci on, scis, sci eur, scel.

2e §.

IN DI CA TIF.	IN DI CA TIF.
Pas sé in dé fi ni.	*Pas sé an té ri eur.*
J'ai sti mu lé.	J'eus scel lé.
Tu as sti mu lé.	Tu eus scel lé.
Il a sti mu lé.	Il eut scel lé.
Elle a sti mu lé.	Elle eut scel lé.
Nous avons sti mu lé.	Nous eû mes scel lé.
Vous a vez sti mu lé.	Vous eû tes scel lé.
Ils ont sti mu lé.	Ils eu rent scel lé.
Elles ont sti mu lé.	Elles eu rent scel lé.

3e §. Le sto re, le sta ge, le spas me, le stig ma te, le sta de, le sty let, le spar te, le spa ra drap, le sti mu lus, le sta gi ai re, le sté ré o ty pe, le sta tu ai re, le sti mu lant, le spo li a teur, le stuc, le sté no gra phe, le stoff, le sceau, le scel leur, le scel le ment, le scel la ge, le scé lé rat, le spec ta teur.

4e §. Charles é tu die spé ci a le ment le ca té chis me.
Ce sci on va de ve nir aus si grand que ce chêne.
Ce jeu ne a vo cat va fai re son stage à Rouen.
Zo é met tra sa ro be de stoff au mois de no vem bre.
Ce jar di ni er cul ti ve spé ci a le ment le pê cher.
Ce champ é tait sté ri le et il est de ve nu fé cond.
Ti rez ce cor don et vous bais se rez le sto re.
Lé on a a che té trois ma gni fi ques bil les de stuc.
Ce sté no gra phe é crit plus vi te que je ne par le.
Le scel leur va fai re fon dre du sou fre pour sceller cet te ti ge de fer dans cet te pi er re.

Exercice sur la finale ET.

1er §. bè, bet, bets ; cè, cet, cets ; jè, jet, jets ; lè, let, lets ; mè, met, mets ; nè, net, nets ; rè, ret, rets ; sè, set, sets ; vè, vet, vets ; chè, chet, chets.

2e §. Le na vet, **les** na vets ; le sau ret, **les** saurets ; le ge nêt, **les** genêts ; le tou pet, **les** tou pets ; le fu ret, **les** fu rets ; le bou let, **les** bou lets ; le mu let, **les** mu lets ; le tra jet, **les** tra jets ; le gi let, **les** gi lets ; le bas set, **les** bas sets ; le du vet, **les** du vets ; le bal let, **les** bal lets ; le su jet, **les** su jets ; le pro jet, **les** pro jets ; le bè nêt, **les** be nêts ; le che net, **les** che nets ; le gi bet, **les** gi bets ; le sur jet, **les** sur jets ; le bi net, **les** bi nets ; le che vet, **les** che vets ; le fi let, **les** fi lets ; le pla cet, **les** pla cets ; le col let, **les** col lets ; le bou vet, **les** bou vets ; le car net, **les** car nets ; le va let, **les** valets ; le jet, **les** jets ; le bar bet, **les** bar bets.

3e § Je te prête ma tou pie, prête-moi ton tou pet.
Mon jeu ne bar bet va à l'eau com me un ca nard.
Léon a mis sa bou gie dans ce mar ti net.
Cet te sofe est du vé ri ta ble fleu ret.
Le petit Léon est tombé sur son bourrelet.
Ce boulet rempli de poudre se nomme une bombe.
Ce mu let a une bou che d'u ne lar geur é nor me.
No tre bas set a dé pisté un beau li è vre.
Nous mon te rons sur le som met de la monta gne.
Le bou lan ger met seu le ment le pain au four.
Mon che vet est trop mou ; ma tête s'en fon ce trop.
Le man te let de monseigneur est vi o let.
Ce ma rin va par tir pour fai re un long tra jet.
J'ai pê ché deux bro chets dans la ri vi ère.

Suite de la diphthongue oi.

1ᵉʳ §. doi, foi, moi, mois; poi, pois; soi, soie; doir, loir, moir, noir, roir, soir, toir, voir; bois, pois, rois, poil, soif, droi, choir, gnoir, coif.

2ᵉ §.

IN DI CA TIF.	IN DI CA TIF.	IN DI CA TIF.
Pré sent.	*Im par fait.*	*Im par fait.*
Je soi gne.	Je poi vrais.	Je crois sais.
Tu soi gnes.	Tu poi vrais.	Tu crois sais.
Il soi gne.	Il poi vrait.	Il crois sait.
El le soi gne.	El le poi vrait.	El le crois sait.
Nous soi gnons.	Nous poi vri ons.	Nous crois si ons.
Vous soi gnez.	Vous poi vri ez.	Vous crois si ez.
Ils soi gnent.	Ils poi vraient.	Ils crois saient.
El les soi gnent	El les poi vraient	El les crois saient

3ᵉ §. Le soir, le de voir, le sa loir, le bru nis soir, le ti roir, le se moir, le dé vi doir, le la mi noir, le mi roir, le pou voir, le pois son, le grat toir, le lis soir, le bou doir, le par loir, le dor toir, le ju choir, le coif feur, le pei gnoir; la foi re, la mois son, la bois son, la pa rois se, la soif, la coif fe, la coif fu re.

4ᵉ §. Au tre fois on ven dait le vin à la cho pi ne.
J'ai un cha peau de soie et un cha peau de cas tor.
Ce bû che ron va fen dre ces tron çons de bois.
La man che droi te de ce pa le tot est trop cour te.
Le pe la ge de mon jeu ne che val est tout noir.
La ba lei ne est le plus gros des pois sons.
La bi è re de mars se fait dans le mois de mars.
Je bois deux dé ci li tres de vin par jour.
Mon chat an go ra a le poil très-long.
Mon pei gne et mon dé mê loir sont pro pres.
Nous lon ge rons la rive droi te du fleu ve.

Sui te des syl la bes com men çant par gu.

1ᵉʳ §. gua, guâ, guas; gue, gues; gué, guè, guai; gui; gueu, guim, guin; guir; gueur, gueurs.

2ᵉ § IN DI CA TIF.　　　IN DI CA TIF.　　　IN DI CA TIF.

Pas sé dé fi ni.　　*Pas sé dé fi ni.*　　*Pas sé défini.*

Je guignai.　　Je guin dai.　　Je lé guai.
Tu guignas.　　Tu guin das.　　Tu lé guas.
Il guigna.　　Il guin da.　　Il lé gua.
Elle guigna.　　Elle guin da.　　Elle lé gua.
Nous guignâmes.　　Nous guin dâmes.　　Nous lé guâmes.
Vous guignâtes.　　Vous guin dâtes.　　Vous lé guâtes.
Ils guignèrent.　　Ils guin dèrent.　　Ils lé guèrent.
Elles guignèrent.　　Elles guin dèrent　　Elles lé guèrent.

3ᵉ §. La guitare, **les** guitares; la guimauve, **les** guimauves; la guipure, **les** guipures; la guigne, **les** guignes; la guinée, **les** guinées; la fougue, **les** fougues; la blague, **les** blagues; la guimpe, **les** guimpes; la guimbarde, **les** guimbardes; la guirlande, **les** guirlandes; la langueur, **les** langueurs; la baguenaude, **les** baguenaudes; la guitariste, **les** guitaristes.

4ᵉ §. La tige de ce pen du le **est** trop lon gue.
La pi é té sin cè re se dis tin gue fa ci le ment.
Ma man m'a a che té **cet** te jo lie pe ti te ba gue.
J'ad mi re **cet** te pla te-ban de de margue ri tes.
Ma se rin gue lan ce l'eau à dou ze mè tres.
Ma gue non **est** la mè re de ta pe ti te gue nu che.
Ce na geur **cou** pe très-fa ci le ment **les** va gues.
Ma man a chè te ra **des** fi gues du Por tu gal.
Les ra ci nes de ce frê ne sont très-lon gues.
E mi lie pin ce par fai te ment de la gui ta re.
Ce jeu ne ma rin a déjà na vi gué fort loin.

— 35 —

Exercice sur les LL *mouillées.*

**1er §. bil, cil, dil, fil, mil, nil, pil, ril, sil, til, vil; bril, dril, quil, gril, dril, bril, gril, quil, gril.
2e §. bille, cille, fille, mille, nille, pille, rille, ville; pilla; billon, dillon, pillon, rillon, sillon, tillon, villon; tilleul, tilleur, brillé, drille, quille; tillac; grilla, grille, grillé, grillon.
3e §.** INDICATIF.   INDICATIF.

Passé indéfini.   *Passé antérieur.*
J'ai brillé.   J'eus grillé.
Tu as brillé.   Tu eus grillé.
Il a brillé.   Il eut grillé.
Elle a brillé.   Elle eut grillé.
Nous avons brillé.   Nous eûmes grillé.
Vous avez brillé.   Vous eûtes grillé.
Ils ont brillé.   Ils eurent grillé.
Elles ont brillé.   Elles eurent grillé.

4e §. La bille, la fille, la famille, la faucille, la pupille, la morille, la vanille, la grille, la béquille, la quadrille, la camomille, la quille, la grillade, la cheville, la tille, le sillon, le billon, le pillage, le papillon, le tillac, le pavillon, le tilleul, le grillon, le postillon, le goupillon, l'échantillon, le durillon, l'artilleur, l'ardillon, le carillon, le carillonneur, le quadrille.
5e §. Cette petite fille a un caractère charmant.
Maman soulage cette famille indigente.
Mon pantalon ne descend pas jusqu'à ma cheville.
Le limaçon a une coquille, et non pas la limace.
Place ce panache sur ton chapeau d'artilleur.
Ce jardinier béquille ses pommes de terre.

Suite de la finale er.

1er §. cé, c**er** ; g**er**, g**ers** ; l**er**; bi **er**, bi **ers** ; li **er**, li **ers** ; ni **er**, ni **ers** ; ri **er**, ri **ers** ; si **er** ; t**er** ; ti **er**, ti **ers** ; tri **er**, tri **ers** ; vri **er**, vri **ers**;

2e §. Le sen ti **er**, **les** sen ti **ers** ; le chan de li **er**, **les** chan de li **ers** ; le lau ri **er**, **les** lau ri **ers** ; le **toi** li **er**, **les** **toi** li **ers** ; le peaus si **er** ; **les** peaus si **ers** ; le nau to ni **er**, **les** nau to ni **ers** ; le co lom bi **er**, **les** co lom bi **ers** ; le gre ni **er**, **les** gre ni **ers** ; le gre na di **er**, **les** gre na di **ers** ; le cor de li **er**, **les** cor de li **ers** ; le vi tri **er**, **les** vi tri **ers** ; le che va li **er**, **les** che va li **ers** ; le ta ble ti **er**, **les** ta ble ti **ers** ; le bot ti **er**, **les** bot ti **ers** ; le ge né vri **er**, **les** ge né vri **ers** ; le lé vri **er**, **les** lé vri **ers** ; le mar ro ni **er**, **les** mar ro ni **ers**.

5e §. Je pren drai un ge nièvre sur ce ge né vri **er**.
Le vi tri**er** a rem is six car reaux cas sés.
Je vous re con du i rai par ce pe tit sen ti **er**.
Mon jeu ne lé vri **er** a at tra pé un beau li è vre.
Met tez cet te bou gie dans vo tre chan de li **er**.
L'o deur du lau ri **er** est très-pé né tran te.
J'ai a che té ma **toi** le chez ce mar chand **toi**li **er**.
Pa pa a ven du sa peau de va che à ce peaus si **er**.
Je mon te rai dans la bar que de ce nau to ni **er**.
Les gre ni **ers** de ce la bou reur sont pleins de blé.
Les fleurs du gre na di **er** sont ma gni fi ques.
A chè te ton jeu de do mi nos chez ce ta ble ti **er**.
J'ai ra mas sé cent mar rons sous ce mar ro ni **er**.
J'ai cou pé u ne pe ti te bran che de lau ri **er**.
Les cor de li **ers** sont **des** re li gieux de l'or dre **des** frè res mi neurs de saint Fran çois.

Suite des syllabes commençant par qu.

1er §. qua, que, ques, qui, quo, qué, què, quan, quin, quins ; quâ, quê, quî ; quir, quirs ; qu'il ; queur, queurs.

2e §. Le quantième, **les** quantièmes ; le cirque, **les** cirques ; le liquoriste, **les** liquoristes ; le ventriloque, **les** ventriloques ; le taquin, **les** taquins ; le vainqueur, **les** vainqueurs ; le marasquin, **les** marasquins ; le faquir, **les** faquirs ; le monarque, **les** monarques ; le quatrain, **les** quatrains ; le sequin, **les** sequins ; le tropique, **les** tropiques ; le portique, **les** portiques ; le crique, **les** criques ; le distique, **les** distiques ; le bouquetin, **les** bouquetins ; le brodequin, **les** brodequins.

3e §. Je vénère **les** reliques de sain*t* Firmin.
Ces massifs de pensées sont magnifiques.
Ce maçon place **ses** briques très-régulièrement.
Je ferai la note de ce que papa envo**ie**.
Qui **c**onque ne fera pas sa page sera retenu.
Ce pain **est** d'une qualité supérieure.
Mes brodequins sont beau**c**oup trop **c**ourts.
Je vais vous faire une seule petite remarque.
Préparez-vous vite, **c**ar la barque va partir.

4e §. Nous préférons la qualité à la quantité.
Le portique de ce palais **est** trop peu élevé.
Ce cirque **est** parfaitement rond ; je **crois** qu'il a plus de cinquante mètres de pourtour.
J'ai la fièvre depuis près de quinze jours :
je vais prendre **des** pilules de quinquina.
Qui sera **c**apable de me dire le quantième ?
— Papa, je **crois** que nous sommes le trente mai.
Parta**g**ez votre pomme en quatre quarts.

Suite des syllabes SPA, SPHÉ, *etc.*

1ᵉʳ §. sta, sque; sca, sco, scan, scom, scal, scor, sculp, sclé, scri, scru, scrip, scom, sque, scru, sclé.

2ᵉ §. IN DI CA TIF.   IN DI CA TIF.

Plus-Que-Par fait.   *Plus-Que-Par fait.*

J'a vais scru té.   J'a vais sculp té.
Tu a vais scru té.   Tu a vais sculp té.
Il a vait scru té.   Il a vait sculp té.
El le a vait scru té.   El le a vait sculp té.
Nous a vi ons scru té.   Nous a vi ons sculp té.
Vous a vi ez scru té.   Vous a vi ez sculp té.
Ils a vaient scru té.   Ils a vaient sculp té.
El les a vaient scru té.   El les a vaient sculp té.

3ᵉ § Le scor but, le scan da le, le sculp teur, le scal pel, le scor pi on, le sque let te, le scri be, le scrip teur, le scru ta teur, le scru tin, le scru pu le, le sca pu lai re, le sca ri fi ca teur, la sco lo pen dre, la sclé ro ti que, la sculp tu re, la scor so nè re, la sco rie, la scom bre.

4ᵉ § La cou leu vre et le scor pi on sont ve ni meux. Le scan da le a fait des vic ti mes sans nom bre. Le sal si fis noir s'ap pel le aus si scor so nè re. Mon mou ton est mort ce ma tin; j'en lè ve rai tou te sa chair pour a voir son sque let te. Ce sculp teur va tail ler cet te gros se pier re, et il fe ra u ne sta tue de saint Fran çois. Char les a un sca pu lai re rou ge et moi un noir. Ce pe tit cou teau poin tu qui ne se fer me pas s'ap pel le un scal pel. La pi é té de cet te da me va jus qu'au scru pu le. Eu gè ne é tu die le des sin et la sculp tu re. Ce pau vre a é té at teint du scor but par ce qu'il a ha bi té u ne cham bre é troi te, et hu mi de.

Syllabes commençant par l'h, rh, th, etc.

1er §. rha, rhe, rhé, rhi, rho, rhu; l'ha; thé, thés, thè; tho, thon, thons; thym, thyms, thro, ther, l'her, thel.

2e §. INDICATIF. Elle avait lithographié.
Plus-que-parfait. Nous avions lithographié.
J'avais lithographié. Vous aviez lithographié.
Tu avais lithographié. Ils avaient lithographié.
Il avait lithographié. Elles avaient lithographié.

3e §. Le catholique, le rhumatisme, l'apothicaire, le théorème, le lithographe, l'amphithéâtre, le théâtre, le thermomètre, le catholicisme, le thé, le thème, le panthéon, le philanthrope, le thénar, le thon, le thonaire, le rhinocéros, le thym, le rhume, le théologal, le cathédrant, le rhéteur, le catarrhe, l'ornithogale, la cathédrale, la rhétorique, la cantharide, la panthère, la catholicité, l'authenticité, la théologie, la théologale, la lithographie, la méthode, la théorie, la théière, la rhubarbe, la litharge, l'orthographe, la philanthropie.

4e §. Le thé facilite beaucoup la digestion.
Le rhinocéros n'a pas de dents canines.
Le thermomètre baisse : il va faire froid.
Prenez l'habitude de dire la vérité.
L'herbe pousse très-rapidement dans ce pré.
La panthère est plus cruelle que le lion.
Théophile aura le prix d'orthographe.
Ces trois gros poissons sont des thons.
Ma théière est trop grande pour si peu de thé.
Cette belle cathédrale a trois portails.
Mon frère va faire sa classe de rhétorique.
La rhubarbe est rangée parmi les purgatifs.

Syl la bes NOEU, OEUF, BOEUF, SOEUR, COEUR.

1ᵉʳ §. eu, **œu, œu**fs ; **bœu, mœu, nœu, sœu,** d'**œu**.
2ᵉ §. s**œu**rs, s**œu**rs ; **œuf, bœuf** ; b**œu**f, b**œu**fs ;
l'**œuf** ; **cœu**r, **cœu**rs, b**œu**f, s**œu**r, b**œu**fs.
3ᵉ §. INDICATIF.   **El**le a vai*t* ma n**œu** vré.
Plus-que-par fait.   Nous a vi ons ma n**œu** vré.
J'a vais ma n**œu** vré. Vous a vi **ez** ma n**œu** vré.
Tu a vais ma n**œu** vré. Ils a vai*ent* ma n**œu** vré.
Il a vai*t* ma n**œu** vré. **El**les a vai*ent* ma n**œu** vré.
4ᵉ §. Le ma n**œu** vri **er**, **les** ma n**œu** vri **er**s ; le b**œu**f,
les b**œu**fs ; le n**er**f-de-b**œu**f, **les** n**er**fs-de-b**œu**f ;
le b**œu**f-gras, **les** b**œu**fs-gras ; le pi que-b**œu**f,
les pi que-b**œu**fs ; le ma n**œu** vre, **les** ma n**œu** vres ;
le **cr**è ve-**cœu**r, **les cr**è ve-**cœu**r ; le sans-**cœu**r,
les sans-**cœu**r ; le **cœu**r, **les cœu**rs ;
le **c**on tre-**cœu**r, **les c**on tre-**cœu**rs ; l'**œuf**,
l'an ti **cœu**r, l'a van*t* - **cœu**r, l'ar rê te - b**œu**f ;
la main-d'**œu** vre, **les** mains-d'**œu** vre ; la s**œu**r,
les s**œu**rs ; la bel le-s**œu**r, **les** bel les - s**œu**rs ;
la ma n**œu** vre, **les** ma n**œu** vres.
5ᵉ §. Quand le b**œu**f a la pan se plei ne, il ru mi ne.
La fri tu re de ma s**œu**r se ra ap pé tis san te.
Ma man va faire u ne o me le*t* te de dou ze **œu**fs.
Ce bou vi **er** s**oi** gne son trou peau de b**œu**fs.
Ce se ra u ne bon ne **œu** vre de se **c**ou rir ce pau vre.
Pa pa a a che té un joli dé d'ar gen*t* à ma s**œu**r.
Dieu dé fen*d* tou te **œu** vre ser vi le le di man che.
Ce b**œu**f trou ve ra fa ci le men*t* sa pâ tu re i ci.
Ces cu i ras si **er**s vont fai re la ma n**œu** vre.
Quand ce **g**ros b**œu**f pâ tu re, son fa non traî ne.
J'i rai v**oi**r **les** sol da*t*s ma n**œu** vr**er** ce ma tin.
L'ar rê te-b**œu**f a **des** ra ci nes très-lon **g**ues.

Syl la bes DEUIL, FEUIL, TEUIL, *etc.*

1ᵉʳ §. deuil, feuil, reuil, teuil, treuil, vreuil.
2ᵉ §. feuille, feuilles, feuilla, feuillet, breuil.
3ᵉ §. IN DI CA TIF.   IN DI CA TIF.
        Futur.   *Futur.*

Je feuil le rai.	Je feuil let te rai.
Tu feuil le ras.	Tu feuil let te ras.
Il feuil le ra.	Il feuil let te ra.
Elle feuil le ra.	El le feuil let te ra.
Nous feuil le rons.	Nous feuil let te rons.
Vous feuil le rez.	Vous feuil let te rez.
Ils feuil le ront.	Ils feuil let te ront.
El les feuil le ront.	El les feuil let te ront.

4ᵉ §. Le feuil la ge, le feuil le ton, le pe tit-deuil, le deuil; le por te-feuil les, le chè vre-feuil le, le cer feuil, le fau teuil, le feuil le ta ge, le breuil, le treuil, l'é cu reuil, le che vreuil, le feuil let, le bou vreuil, Nan teuil, Mon treuil.

5ᵉ §. J'ai per du le pre mi er feuil let de mon li vre.
Met tez ces pa pi ers dans vo tre por te-feuil les.
Ce grand chê ne va se cou vrir de feuil les.
Ma pe ti te chè vre va brou ter ce feuil la ge.
Ce pe tit feuil le ton m'in té res se, je vais le li re.
Les bras de ce fau teuil sont beau coup trop bas.
U ne feuil let te de vin me suf fit pour l'an née.
Ce lar ge ru ban feuil le-mor te plai ra à ma man.
Cet te plan te est du cer feuil et non du per sil.

6ᵉ §. Ce chè vre-feuil le va se cou vrir de fleurs.
J'ai trou vé un nid d'é cu reuil sur ce gros frê ne.
Le bou vreuil a la tê te noi re et la gor ge rou ge.
Le che vro tain dif fè re peu du che vreuil.
Pre nez ce treuil pour mon ter vos pi er res.

Ex er ci ce sur les syl la bes BEC, *etc.*

1ᵉʳ §. bè que, bec ; fè que, fec ; gè que, gec , jec ; lè que, lec ; mè que, mec ; nè que, nec ; pè que, pec ; rè que, rec ; sè que, sec ; tè que, tec ; dè que, dec.
bec, fec, gec, jec, lec, nec, pec, rec, sec, tec.

2ᵉ §. IN DI CA TIF.   IN DI CA TIF.
Fu tur an té ri eur.   *Fu tur an té ri eur.*
J'aurai con jec tu ré.   J'au rai bec que té.
Tu au ras con jec tu ré.   Tu au ras bec que té.
Il au ra con jec tu ré.   Il au ra bec que té.
El le aura con jec tu ré.   El le au ra bec que té.
Nous aurons con jec tu ré.   Nous au rons bec que té.
Vous au rez con jec tu ré.   Vous au rez bec que té.
Ils au ront con jec tu ré.   Ils au ront bec que té.
El les au ront con jec tu ré.   El les au ront bec que té.

3ᵉ §. Le rec to, le bec-fin, le bec-d'â ne, l'ins pec teur, l'in sec te, le bec card, le nec tar, le di a lec te, le gec ko, l'a vant-bec, le rec teur, le rec to rat, le va rec, le lec teur, l'é lec to rat, le bec-fi gues, le cha bec, l'é lec teur, le pec ca vi, le sec tai re, le bec, le pec ca ta, le rec tan gle, le mar tin-sec, la sec te, la lec tu re, la bec quée, la col lec te,

4ᵉ §. Le bec de ma plu me est beau coup trop fin.
Char les ai me pas si on né ment la lec tu re.
Ma se ri ne va don ner la bec quée à ses pe tits.
C'est l'é lec tri ci té qui pro duit la fou dre.
Vous ne par lez pas tou jours cor rec te ment.
Ces vi eux sou li ers sont très-dé fec tu eux.
Vous sui vrez cet te rou te qui est très-di rec te.
J'ai ap pris cet te nou vel le in di rec te ment.
J'a chè te rai u ne pe ti te son net te é lec tri que.
Mon frère va ê tre nom mé ins pec teur d'a ca dé mie.

Exercice sur l'y employé pour deux i.

1er §. ai ay, **oi** oy, ai ay, **oi** oy, **oi** oy, ai ay, **oi** oy.
2e §. ai i, a**y** ; **oi** i, o**y** ; **oi** i, o**y** ; ai i, a**y** ; oi i, o**y**.
3e §. ai ia, a**y** a ; ai ié, a**y** é ; ai iu, a**y** u ; ai ié, a**y** é.
ai ieu, a**y** eu ; ai ion, a**y** on ; ai io**i**, a**y oi** ; **oi** ia, o**y** a ;
oi ié, o**y** é ; **oi** iau, o**y** au ; **oi** ieu, o**y** eu ; **oi** ian, o**y** an.
4e §. a**y** a, a**y** é, a**y** u, a**y** on, a**y er**, a**y** at, a**y** eur
5e §. la**y** a, ra**y** u, fra**y** u, ra**y** on, tra**y** on, **c**la**y** on.
cra**y** on, la**y** eur, pa**y** eur, sa**y** eur, fra**y** eur, tra**y** eur.
ba**y** at, la**y** et, bra**y** et, la**y er**, fra**y oi**r, dra**y oi**r.
6e §. IN DI CA TIF.   IN DI CA TIF.
Futur antérieur.   *Futur antérieur.*
J'au rai ba la**y** é.   J'au rai fou dro**y** é.
Tu au ras ba la**y** é.   Tu au ras fou dro**y** é.
Il au ra ba la**y** é.   Il au ra fou dro**y** é.
El le au ra ba la**y** é.   **El** le au ra fou dro**y** é.
Nou**s** au rons ba la**y** é. Nou**s** au rons fou dro**y** é.
Vou**s** au **rez** ba la**y** é. Vou**s** au **rez** fou dro**y** é.
Il**s** au ront ba la**y** é.   Il**s** au ront fou dro**y** é.
El le**s** au ront ba la**y** é. **El** le**s** au ront fou dro**y** é.

7e §. Le ra**y** on, le pa**y** eur, le mé ta**y er**, le ba la**y** eur, le tra**y** on, le **c**la**y** on, l'**es** sa**y** eur, le ba la**y** a ge, le mon na**y** a ge, le ren tra**y** eur, le **c**la**y** on na ge, le fra**y oi**r, le por te-**c**ra**y** on, le rá**y** on ne ment, le **c**ra**y** on, le **c**ra**y** on neur, le faux-mon na**y** eur, la ra**y** u re, la fra**y** eur, la bra**y** e**t** te, la la**y**e**t** te, l'en ra**y** u re, la fra**y** u re, la ba**y** at te, la dra**y oi**r.

8e §. Ce la bou reur tra ce **des** ra**y** ons très-dr**oi**t**s**.
La mine de plomb sert à fai re **des c**ra**y** ons.
Je **tez** tou tes **ces** ba la**y** u res dans le fu mi **er**.
La stu pi di té **est** quel que f**ois** la su i te de la fra**y** eur.
L'en ra**y** u re de **cet** te v**oi** tu re **est** très-so li de.

Ex er ci ce sur les syl la bes AC CÉ, AC CI, *etc.*

1er §. ac, oc, uc; bac, l'ac; tuc, l'oc, roc, coc; ac cès; l'ac cé, l'ac cès; suc cé, suc cès; l'ac cent; l'ac ci, l'oc ci, vac ci, coc ci, suc ci, coc si; suc cin, vac cin; bac cil; ac cep, l'ac cep; l'ac ces, suc ces.

2e §. CON DI TION NEL.   CON DI TION NEL.

Pré sent.   *Pré sent.*

Je suc cè de rais.	Je vac ci ne rais.
Tu suc cè de rais.	Tu vac ci ne rais.
Il suc cè de rait.	Il vac ci ne rait.
Elle suc cè de rait.	Elle vac ci ne rait.
Nous suc cè de ri ons.	Nous vac ci ne ri ons.
Vous suc cè de ri ez.	Vous vac ci ne ri ez.
Ils suc cè de raient.	Ils vac ci ne raient.
Elles suc cè de raient.	Elles vac ci ne raient.

3e §. Le suc cès, le suc cin, l'ac ci dent, l'ac cep teur, le vac cin, l'oc ci put, l'oc ci dent, l'ac ces soi re, l'ac cès, l'ac cent, l'ac ces sit, le suc ces seur, la suc ci on, l'ac cen se, la vac ci ne, l'ac ces si on, la coc ci grue, la coc ci nel le, la suc ci ni te, la suc ces si on, la bac cil lai re, la coc-si grue, l'ac ces si bi li té, la suc ces si bi li té.

4e §. Ton tra vail as si du rend tes suc cès cer tains.
La lu ne va se cou cher du cô té de l'oc ci dent.
Mon frè re aî né se ra le suc ces seur de pa pa.
Je sais que le vac cin est four ni par la va che.
Je vous fe rai u ne of fre qui se ra ac cep ta ble.
Vo tre ac cès de fiè vre re tar de cha que jour.
Vo tre frè re a ga gné l'ac ces sit d'é cri tu re
La vac ci ne ga ran tit de la pe ti te vé ro le.
Si Char les est pres sé, il pour ra mon ter dans l'ac cé lé ri fè re qui va par tir à l'ins tant.

Etude des diphthongues.

1er §. le lou a ge, le lou eur, le re mu eur, le mo el lon, le bru it, le rou et, le lou an geur, le rou is sa ge, le nou et, le bou eur, le bi vou ac, le brou et teur, le dou a ni er, le ca out chouc, le bru is se ment, le blu et, l'é pa nou is se ment, l'é va nou is se ment, le gra du el, le sa gou in, l'é blou is se ment, la fou a ne, la fou i ne, la ou a te, la jou is san ce, la dou a ne, la mo el le, la lou an ge, la buan de rie, la flu i di té, la gi rou et te, la ré jou is san ce, l'a lou et te, la pi rou et te, la bru i ne.

2e §. Mon pan ta lon blanc est tout ta ché de cam bou is.
Ce jar di ni er va en fou ir ce gros tas de fu mi er.
Pa pa fe ra cons tru i re un mur en mo el lon.
A la mes se, le gra du el se chan te a vant l'é van gi le.
Le bruit du ton ner re ef fraie beau coup de mon de, et ce pen dant ce bru it ne peut fai re au cun mal.
Pa pa croit qu'il brui ne ra tou te la ma ti née.
Ma man va ou a ter nos man teaux d'hi ver.
Je vais re nou er le cor don de mon sou lier.
Le rou et tord l'é tou pe et l'en rou le sur une bo bi ne
Le bru is se ment des va gues s'en tend de fort lo in.

3e §. Por tez vo tre lin ge sa le dans la bu an de rie.
D'où souf fle le vent ? Re gar dez la gi rou et te.
Voi ci u ne four che pour re tour ner ce foin.
J'ai la fou i ne pour é le ver mes ger bes sur le tas.
L'é cu el le de ce sol dat est tou jours très-pro pre.
Ma man a don né u ne é cu el lée de sou pe à ce pau vre.
Ce tout jeu ne en fant se plaît dé jà à chan ter les lou an ges de Di eu : vrai ment je l'ad mi re.
Ne vous las sez pas de re mu er la terre, et ne lu i de man dez que ce qu'el le est pro pre à por ter.

Suite de la finale ET.

1er §. jouè, jouet, jouets ; fouè, fouet, fouets ; chè, chet, chets, bluè, bluet, bluets ; flè, flet, flets ; vrè, vret, vrets ; què, quet, quets ; trè, tret, trets.

2e §. Le corset, les corsets ; le cachet, les cachets ; le fouet, les fouets ; le budget, les budgets ; le bourrelet, les bourrelets ; le fausset, les faussets ; le mentonnet, les mentonnets ; le mantelet, les mantelets ; le soufflet, les soufflets ; le cabinet, les cabinets ; le tranchet, les tranchets, le gousset, les goussets ; le brochet, les brochets ; le chardonneret, les chardonnerets ; le jouet, les jouets ; le livret, les livrets ; le bouquet, les bouquets ; le sansonnet, les sansonnets ; le gantelet, les gantelets ; le rousselet, les rousselets ; le fleuret, les fleurets ; le bluet, les bluets ; le sifflet, les sifflets ; le poulet, le cotret, le gobelet, le jet-d'eau, le roitelet, le martinet, le bracelet.

3e §. Nous brûlerons ces cotrets dans l'hiver.
Je vais tenir mon cheval par son toupet.
Le jet-d'eau va remplir ce petit bassin.
Papa, j'ai formé le projet d'obéir sans retard.
Le collet de mon manteau est trop large.
Le gousset de mon pantalon est trop petit.
L'archet de mon violon est trop court.
Nos jeunes poulets profiteront rapidement.
Marie va faire une jolie couronne de bluets.
Mettez cette tasse se neuve dans le buffet.
Je ferai un bouquet de violettes pour maman.
J'ai prêté mon fouet au petit Jules.

*Ex er ci ce sur l'*H *mu et te.*

1er §. a, ha ; hé, hi, ho, hu, hy, heu, har, hip, his, hor, hos ; l'ha, l'har, l'hé, l'hi, l'hy, l'hip, l'his, l'ho, l'hô, l'hos, l'hor, l'hom, l'hu, l'heu, l'her, l'hec, d'ha, d'hom, d'hor.

2e §. L'ha me çon, l'hé ri ta ge, l'hé ri ti er, l'hortensia, l'her mi te, l'her mi ta ge, l'ha bi tant, l'ho mi ci de, l'hô pi tal, l'hor lo ger, l'hy dro gè ne, l'hi ver na ge, l'hos pi ce, l'hui li er, l'hy po cri te, l'har mo ni ca, l'ho ri zon, l'hec ta re, l'hé li an the, l'ha bil la ge, l'hom me, l'ha bit, l'hé mis phè re, l'hec to li tre, l'hec to mè tre, l'ho lo caus te, l'hec to gram me, l'hé li o tro pe, l'hip po dro me, l'hip po po ta me, l'ha leine, l'ha bi tu de, l'ha bi le té, l'hon nê te té, l'hor lo ge, l'hu ma ni té, l'hu mi di té, l'hos ti li té, l'ho mé lie, l'hu mi li té, l'his toi re, l'hu is se rie, l'hu meur, l'her berie, l'har mo nie, l'hi ron del le, l'hu î tre, l'hi la ri té, l'hé ma ti te, l'hé mor ra gie, l'hos pi ta li té, l'his to ri et te, l'hy po thè que, l'her be, l'heu re, l'hui le, l'hos tie, l'hy per du lie.

3e §. Je vous con du i rai dans ce mo des te vé hi cu le.
L'in co hé ren ce de ce dis cours me fa ti gue.
J'ai lo gé pendant deux jours à l'hô tel du Nord.
J'ai ren con tré ce grou pe d'hom mes à u ne heu re.
Pa pa nous ra con te ra u ne bel le his toi re.
Ce pê cheur a deux lignes et il n'a pas d'ha me çons
Ma sœur a é té voir l'hô pi tal Saint-Louis.
J'ai a che té cent qua ran te hec to li tres de blé.
La moi ti é d'une sphè re s'ap pel le hé mis phè re.
Ma man a u ne jo lie pla te-ban de d'hor ten si as.
Ce vas te her ba ge nour rit cent dou ze bœufs.
Je fais quinze hec to mè tres en dix mi nu tes.
No tre pro mena de a du ré plus de qua tre heu res.

Ex er ci ce sur les syl la bes ABS, OBS, *etc.*

1ᵉʳ §. at, ath ; of, oph ; ut, uth ; ab se, abs ; ob se, obs ; ub se, ubs ; ol se, ols ; or pe, orp ; op se, ops ; ep se, eps.
2ᵉ §. ath, oph, uth, abs, obs, ubs, ols, orp, ops, eps, ers.
3ᵉ §. l'ob se, l'obs ; l'ab se, l'abs ; lop se, lops ; nop se, nops ; sol se, sols ; sub se, subs ; sor pe, sorp ; cep se, ceps ; per se, pers ; l'o fe, l'oph ; lu te, luth ; li a te, li ath.
4ᵉ §. l'obs, subs, sorp, ceps, pers, l'oph, luth, li ath. l'oph, ceps, subs, l'obs, luth, li ath, sorp, pers, l'obs, subs, ceps, l'oph, sorp, luth, li ath, pers, ceps.

5ᵉ §. CON DI TION NEL.   CON DI TION NEL.
Pas sé.   *Passé.*
J'au rais subs ti tu é.   J'au rais obs tru é.
Tu au rais subs ti tu é.   Tu au rais obs tru é.
Il au rait subs ti tu é.   Il au rait obs tru é.
El le au rait subs ti tu é.   El le au rait obs tru é.
Nous au ri ons subs ti tu é.   Nous au ri ons obs tru é.
Vous au ri ez subs ti tu é.   Vous au ri ez obs tru é.
Ils au raient subs ti tu é.   Ils au raient obs tru é.
El les au raient subs ti tu é. El les au raient obs tru é.

6ᵉ §. L'obs ta cle, le sols ti ce, le tri ceps, le co nops, le bi ceps, le go li ath, l'an chi lops, le prin ceps, le subs ti tut, le subs tan tif, l'oph thal mi tis, le luth, l'obs cur cis se ment, la pers pec ti ve, l'obs cu ri té, l'abs ti nen ce, l'oph thal mie, l'abs cis si on, l'abs ter si on, l'oph thal gie.

7ᵉ §. L'obs cu ri té est très-gran de cet te nu it.
Thé o phi le s'obs ti ne : ce la me pei ne vi ve ment.
Char le ma gne a sur mon té beau coup d'obs ta cles.
Ce chan teur s'ac com pa gne a vec son luth.
Je me su is fou lé le bi ceps du bras gau che.
La plus gran de for ce du bras est dans le tri ceps.

Suite des consonnes doubles.

1er §. no mée, nom mée; do née, don née; lo née, lon née; ro na, ron na; tro ne, tron ne; blo ni è, blon ni è; mo ne, mon ne; to ner, ton ner; o net, on net.

2e §. La com mu nau té, la com mis si on, la cou ron nu re, la rou an net te, la gas con na de, l'in com mo di té, la com man de, la com man dan te, la com mu ni an te, la com mu ne, la com mer çan te, la fan fa ron na de, la pom ma de, la sa blon ni è re, la pol tron ne rie. la com mè re, la fau con ni è re, la glou ton ne rie, la lar ron nes se, la ma ri on net te, la per son ne, la men ton ni è re, la mi gnon ne, la mi gnon net te, la re con nais san ce, la pom me raie, la rou an ne, l'in flam ma bi li té, la po ê lon née, la pom mel le, la com mu ni on, la cou ron ne, l'or don née, la don ne, la pom me, la Ga ron ne, la re nom mée, la ran don née.

3e §. Ju les mar mon ne pour la mo in dre con tra ri é té.
La mer com men ce à se mou ton ner: la ma rée
  se ra bel le au jour d'hu i.
Lé on chan te faux, il dé ton ne à cha que ins tant.
Mon sei gneur a or don né dou ze prê tres ce ma tin.
Ce lu i qui don ne au pau vre, prê te à Di eu.
Pa pa a com mu ni é à Pâ ques et à l'As cen si on.
Tu as com mis cet te fau te, il faut la ré pa rer,
et non pas t'en dur cir pour en com met tre d'au tres.
La su pé ri eu re de cet te com mu nau té est ma tante.
Vous met tez trop de pom ma de sur vos che veux.
Le sa ble de cet te sa blon ni è re est très-fin.
La pol tron ne rie n'ins pi re que du mé pris.
La glou ton ne rie du san gli er est re mar qua ble.
La men ton ni è re du cas que de ce cu i ras si er lu i
  ser re beau coup trop le men ton.

4.

Suite des syllabes commençant par GU.

1er §. guâ, guas; gue, gues; gué; guê, guai, gui, gueu, gueux; guan, guin; guir, gueur, gueurs, gueux.

2e § INDICATIF.   INDICATIF.   INDICATIF.
Présent.   *Imparfait.*   *Passé défini.*

Je fatigue. Je distinguais. Je conjuguai.
Tu fatigues. Tu distinguais. Tu conjugas.
Il fatigue. Il distinguait. Il conjugua.
Elle fatigue. Elle distinguait. Elle conjugua.
Nous fatiguons. Nous distinguions. Nous conjuguâmes
Vous fatiguez. Vous distinguiez. Vous conjuguâtes.
Ils fatiguent. Ils distinguaient. Ils conjuguèrent.
Elles fatiguent. Elles distinguaient. Elles conjuguèrent.

3e §. Le guidon, les guidons; le gui, les guis; le guémul, les guémuls; le guindeau, les guindeaux; le guède, les guèdes; le guindal, les guindals; le guide-âne, les guide-âne; le guitariste, les guitaristes; le guindage, les guindages. le guide, les guides; le sarigue, les sarigues; le guéridon, les guéridons; le collègue, les collègues; le guignard, les guignards.

4e §. Ces guêtres ne couvriront pas mes bottines.
A mon goût ces guignes sont trop sucrées.
S'il pleut j'entrerai dans cette guérite.
J'ai mis trop peu de crème dans mes meringues.
Ce militaire se couvre de sa longue lévite.
Voilà une guirlande de pour la jeune mariée.
Cette racine de frêne a trois mètres de longueur.
Ce grès est trop rugueux: je le ferai polir.
Les marguerites vont fleurir au mois de mai.
Je tâcherai de ne pas vous faire languir.
La rivière a rompu ses digues à trois places.

Suite de la finale ER - É.

1ᵉʳ §. bi**er**, ci**er**, ci**ers**; di**er**, di**ers**; li**er**, li**ers**; mi**er**, ni**ers**; pi**er**, pi**ers**; ri**er**, si**ers**; ti**ers**, vi**er**, vi**ers**; dri**er**, dri**ers**; vri**er**; ch**er**, v**er**.

2ᵉ §. Le chanceli**er**, **les** chanceli**ers**; le chipoti**er**, **les** chipoti**ers**; le rancuni**er**, **les** rancuni**ers**; le miroiti**er**, **les** miroiti**ers**; le carrossi**er**, **les** carrossi**ers**; le bouvi**er**, **les** bouvi**ers**; le teinturi**er**, **les** teinturi**ers**; le calendri**er**, **les** calendri**ers**; le tripi**er**, **les** tripi**ers**; le cabareti**er**, **les** cabareti**ers**; le tuili**er**, **les** tuili**ers**; le bourreli**er**, **les** bourreli**ers**.

3ᵉ §. Le dimanche **est** le premi**er** jour de la semaine.
Papa a acheté sa voiture à ce carrossi**er**.
Le teinturi**er** changera la couleur de ma robe.
J'ai lu **les** noms **des** saints du calendri**er**.
Dominique, vous ne se**rez** jamais rancuni**er**.
Ma tante a acheté deux glaces à ce miroiti**er**.
Cette vache **est** malade; le bouvi**er** la saignera.
Ce tripi**er** a vendu une tête de mouton à maman.
Les jardini**ers** préfèrent le fumi**er** de cheval.
J'ai récolté douze cocos sur ce cocoti**er**.

4ᵉ §. Ce cabareti**er** vend de la bière très-forte.
Ce limi**er** sait parfaitement trouv**er** le gibi**er**.
La liasse de **ces** papi**ers** **est** trop peu solide.
Mon pê**cher** ne m'a rapporté que quinze pêches.
Ce vaisseau **est** chargé de cent passag**ers**.
Les solives de ce planch**er** sont trop minces.
Vous de**vez** vous soustraire à ce dang**er**.
On célèbre la chandeleur le deux févri**er**.
Le tuili**er** fera **des** tuiles plates dans ce moule.
Le bourreli**er** fera une bride pour mon cheval.

— 52 —

Syllabes BOUIL, DOUIL, FOUIL, *etc.*

1er §. bouil, douil, fouil, nouil, pouil, souil, touil,
2e §. bouil le, douil le, fouil le, pouil le, touil le, zouil le, bouil la, bouil li, bouil lon, bouil leur, douil la, douil leur, fouil lé, pouil lé, souil lé, souil lon, douil let, nouil ler, nouil let, souil lac.

3e §.   IN DI CA TIF.   IN DI CA TIF.

Pas sé in dé fi ni.   *Pas sé an té ri eur.*

J'ai souil lé.   J'eus dé pouil lé.
Tu as souil lé.   Tu eus dé pouil lé.
Il a souil lé.   Il eut dé pouil lé.
Elle a souil lé.   Elle eut dé pouil lé.
Nous a vons souil lé.   Nous eû mes dé pouil lé.
Vous a vez souil lé.   Vous eû tes dé pouil lé.
Ils ont souil lé.   Ils eu rent dé pouil lé.
Elles ont souil lé.   Elles eu rent dé pouil lé.

4e §. Le bouil li, le bouil lon, le bouil lon-blanc, le bar bouil la ge, le bar bouil leur, le fe nouil, le fe nouil let, le gre nouil let, le cor nouil ler, le douil let, le douil la ge, le bre douil leur, le souil lon, le souil lac, le fouil le - au - pot, le cha touil le ment, le dé pouil le ment, le court-bouil lon.

5e §. J'ai faim : je vais pren dre u ne tas se de bouil lon. Voi là du bouil li qui est ten dre et suc cu lent. Je fe rai cui re mon pois son au court-bouil lon. J'ai une pi tu i te qui me cha touil le la gor ge. La jeu ne é cor ce du cor nouil ler blanc est rou ge. Ce bar bouil la ge ne peut s'ap pe ler de l'é cri tu re. Le gen dar me a fouil lé ce vo leur au da ci eux. Ce cor nouil ler est cou vert de cor nouil les. Lé on bre douil le et je ne le com prends pas.

Suite de l'y employé pour deux i.

1er §. oi, oy; ui, uy; ei, ey; oi ia, oy a; oi ié, oy é; oi iau, oy au; oi ieu, oy eu; oi ian, oy an; oy ant; oi ion, oy on; oi iar, oy ar; oy ard; oi ieur, oy eur; oi ier, oy er; oi iel, oy el; ui iè, u y é, u y er; ui iè, u y è; ui iar, uy ar, u y ard; ui iau, uy au; ui ian, uy an, uy ant; ei ieur, ey eur; oi iel, oy el.

2e §. roy a, soy a, toy a, voy a, droy é, boy au, loy au, roy au, voy an, croy an, croy ant, noy on, voy ar, voy ard, noy eur, roy eur, voy eur, voy er, voy el; tu y è, bru y è, fu y ar, gru y è, cu y er, tu y au, fu y ant, fu y ard, rey eur, sey eur, cu y er, bru y è,

3e §. le noy é, le boy au, le loy er, l'a boy eur, le joy au, le voy ant, le broy eur, le gi boy eur, le moy eu, le noy er, le fos soy eur, le plai doy er, le voy er, l'a loy au, le bor noy eur, le cor roy eur, le fos soy a ge, le boy au di er, le pour voy eur, le net toy a ge, le roy a lis me, le guer roy eur, le voy a geur, le sa voy ard, le croy ant, le noy on, la roy au té, la loy au té, la voy el le, la croy an ce, la dé loy au té, la pré voy an ce, la clair voy an ce, la croy an te, la sa voy ar de, l'im pré voy an ce, la tuy è re, la bruy è re, la fuy ar de, le gruy è re, l'é cuy er, le tuy au, le fuy ard, le faux-fuy ant, le ma rey eur, le mon nay eur, le gras sey eur.

4e §. Deux bai gneurs se sont noy és dans la mer.
On peut fa ci le ment ga gner le roy au me du ci el.
Ces sol dats voy a gent par fi les de vingt-cinq.
N'ap puy ez pas vo tre poi tri ne con tre la ta ble.
Le moy eu se pla ce jus te au mi lieu de la roue.
L'a gent-voy er a fait le tra cé de ce che min.
Il pleut : pa pa pren dra son man teau de voy a ge.

Sui te de la diph thon gue, oi.

1er §. o**i**, b**oi**, m**oi**, s**oi**, t**oi**, n**oi**, n**oi**x, v**oi**, v**oi**x; d**oi**r, n**oi**r, s**oi**r, t**oi**r, v**oi**rs, m**oi**s, p**oi**s, p**oi**ds; dr**oi**t, fr**oi**d, pl**oi**, tr**oi**, tr**oi**s, tr**oi**t, gn**oi**r, cr**oi**x.

3e §. IN DI CA TIF.   IN DI CA TIF.
Plus - que - parfait.   *Futur.*

J'a vais rem b**oî** té.   Je s**oi** gne rai.
Tu a vais rem b**oî** té.   Tu s**oi** gne ras.
Il a vait rem b**oî** té.   Il s**oi** gne ra.
El le a vait rem b**oî** té.   **El** le s**oi** gne ra.
Nous avi ons rem b**oî** té.   Nous s**oi** gne rons.
Vous a vi **ez** rem b**oî** té.   Vous s**oi** gne r**ez**.
Ils a vaient rem b**oî** té.   Ils s**oi** gne ront.
El les a vaient rem b**oî** té.   **El** les s**oi** gne ront.

5e §. l'en v**oi**, l'em pl**oi**, l'i v**oi** re, l'au di t**oi** re, l'**oc** tr**oi**, l'é ten d**oi**r, l'en t**oi** la ge, l'en cen s**oi**r, l'é tei gn**oi**r, l'é g**ou**t t**oi**r.

4e §. La chaî ne de vo tre t**oi** le **est** trop fai ble : Ma man fe ra rô tir no tre din don pour ce s**oi**r. Pa pa, j'ai fi ni tous **mes** de v**oi**rs de ce ma tin. **Les** n**oi**x de ma man sont tou tes fraî ches. Je ran ge rai **mes** bros ses **et** mon pei gn**oi**r. **Ces** tr**oi**s p**oi**s sons sont **des** li man des : la chair de la li man de se di gè re fa ci le men**t**.

5e §. **Les** fleurs du chou sont de pe ti tes **cr**o**ix**. J'ai un bo bo au pou ce **dr**o**i**t : il me gê ne beau **c**oup. Le fr**oi**d de ce ma tin m'a tout **c**as sé la v**oi**x. Le **cr**o**i**s sant de la lu ne **est** min ce ce s**oi**r. Ce ma la de su**c c**om be ra a vant deu**x** m**oi**s. Ce gros nu a ge n**oi**r pas se ra sur no tre tê te. Je sou lè ve ce gros p**oi**ds de ving**t** ki lo **g**ram mes. Le f**oi**e **est** pla cé sous le pou mon dr**oi**t.

s *entre deux voyelles ayant la valeur du z.*

1er §. Faire apprendre par cœur à l'élève,
Les voyelles sont : **a, e, é, è, ê, i, y, o, u ;**
et l'obliger à dire entre quelles voyelles se trouve l's.

2e §. dé**s**a, dé**s**o, l'i**s**o, po**s**é, po**s**i, ré**s**é, ré**s**i, ti**s**e, ry**s**e, ry**s**i, fu**s**i*l*, bi**s**eau, ju**s**ant, phy**s**i, ré**s**eau, ro**s**eau, bi**s**on, ba**s**in, lo**s**an, rai**s**in, bri**s**eur, ja**s**eur, dé**s**or, fi**s**eur, ti**s**an, vi**s**eur, ri**s**eur, dé**s**as, *th*ou**s**i, pré**s**ent, l'**oi s**e, l'**oi s**eau, poi**s**on, ga**s**i, ga**s**in, gri**s**ou, gri**s**on, **c**ou**s**in, **c**lé**s**i.

3e §.   INDICATIF.   CONDITIONNEL.
Futur antérieur.   *Présent.*

J'aurai centrali**s**é.   Je dé**s**armerais.
Tu auras centrali**s**é.   Tu dé**s**armerais.
Il aura centrali**s**é.   Il dé**s**armerait.
Elle aura centrali**s**é.   **El**le dé**s**armerait.
Nou**s** aurons centrali**s**é. Nous dé**s**armerions.
Vous au**rez** centrali**s**é.   Vous dé**s**armeri**ez**.
Il**s** auront centrali**s**é.   Ils dé**s**armera*ient*.
Elle**s** auront centrali**s**é. **El**les dé**s**armera*ient*.

4e §. Le fu**s**il, le pré po**s**é, le **c**ory**s**e, l'**oi s**eleur, l'**oi s**eli**er**, le dé**s**aveu, le ré**s**idu, le ré**s**éda, le dé**s**ac**c**ord, le maga**s**inage, le dé**s**olateur, l'**oi s**ele*t*, le **c**ompo**s**iteur, le dé**s**agrément, l'i**s**oloir, le dé**s**avantage, l'en *th*ou**s**iasme, le citi**s**e, l'éry**s**ipèle, l'**ec**clé**s**iastique, le ré**s**eau, le gri**s**ou, l'**oi s**eau, l'**oi s**eau-mouche, le ro**s**eau, le bi**s**eau, le pré**s**ent, le parti**s**an, le ba**s**in, le gri**s**on, le ju**s**ant, le **c**ontre-poi**s**on, le rai**s**in, le lo**s**ange, le maga**s**in, le bi**s**ontin, le **c**ou**s**in, le ja**s**eur, le dé**s**astre, le dé**s**ordre, le divi**s**eur, le **c**onfi**s**eur, l'*her*bori**s**eur.

Exercice sur le T sifflant.

1er §. la méditation, la modération, la fabrication, la génération, la précaution, la malédiction, la récréation, la contrition, la préparation, la diminution, la disparition, l'application, la prédiction, l'incarnation, la distraction, la précaution, la félicitation, l'inspiration, la réparation, la navigation, l'introduction, la réputation, la rédemption, la respiration, l'observation, la prétention, la restitution, la continuation, la production, la conception, l'illumination, la discrétion, la population, la publication, la correction, l'instruction, l'institution, la récitation, la putréfaction, la fonction, la salutation, l'indisposition, l'élévation, la récitation, la construction.

2e §. Ton papa est plein d'attentions pour toi.
La population de Paris augmente chaque année.
Les mauvaises fréquentations vous perdront.
La méditation de l'Imitation est salutaire.
Marie récitera la salutation angélique.
Monseigneur m'a donné sa bénédiction.
Philippe récitera l'acte de contrition.
La vie est semée de tribulations.
La réclamation de Frédéric est très-juste.
L'occupation modère l'inclination au mal.
Eugène a une très-belle prononciation.
N'attaquez jamais la réputation de personne.
Votre avenir dépend de votre instruction.
J'ai entendu l'instruction de la congrégation.
Nous méditerons le mystère de l'incarnation.
Jésus, notre Sauveur, a opéré notre rédemption.

Suite des syllabes EB, ED, *etc.*

1er §. è be, eb; ed, ef, el, ep, er, es, et, er, el, ed,
2e §. cel, del, mel, nel, pel; fer, ger, mer, per, fer.
mer, ser, ter, ver; ciel, ci er, li er, vi er, guer.

3e §. CON DI TI ON NEL.   AU TRE CON DI TI ON NEL.
         Passé.   *Passé.*

J'au rais fer mé.   J'eus se per cé.
Tu au rais fer mé.   Tu eus ses per cé.
Il au rait fer mé.   Il eût per cé.
El le au rait fer mé.   El le eût per cé.
Nous au ri ons fer mé.   Nous eus si ons per cé.
Vous au ri ez fer mé.   Vous eus si ez per cé.
Ils au raient fer mé.   Ils eus sent per cé.
El les au raient fer mé.   El les eus sent per cé.

4e §. la ter reur, la per ru que, la ser re, la guer re,
la ser pe, la ter ras se, la ser ru re, la fer ru re,
le ver re, le per ron, le ser re-jê té, le ter reau,
le ver rou, le ter rain, le par ter re, le li er re.
le ser re-fi le, le ci me ter re, le sou ter rain,
le ter roir, le ver mi cel le, le guer ri er.

5e §. Par lez d'un ton peu é le vé à vos ser vi teurs.
Le bon vin fait re ve nir les for ces per dues.
Ce jo li do mai ne est la fer me de mon frè re.
Vo tre tem pé ran ce con ser ve ra vo tre san té.
Ma man fe ra fri re ton gou jon et mon mer lan.
Ce ma rin a tra ver sé des li eux dan ge reux.
Ta con fi an ce flat te ra ton fi dè le ser vi teur.
Le vent pous se les na vi res sur la mer.
J'ai ou bli é mon man chon, et j'ai des ger çu res.
Le liè vre ter re, mais le la pin ne ter re pas.
La sain te Vi er ge est la plus pu re des cré a tu res.
La sain te Vi er ge est la sou ve rai ne du ci el.

Sui te des syl la bes BOUIL, DOUIL, FOUIL, *etc.*

1er §. bou**il**, dou**il**, fou**il**, mou**il**, nou**il**, pou**il**, sou**il**, tou**il**, trou**il**, gou**il**, pou**il**, trou**il**.

2e §. bou**il** le, dou**il** le, fou**il** lé, nou**il** le, nou**il** les, pou**il** lé, fou**il** lé, nou**il** lé, nou**il** lée, trou**il** lé, bou**il** lée, bou**il** lie, mou**il** lu, sou**il** lar, bou**il** lot, dou**il** lez, nou**il** ler, dou**il** let, mou**il** let, nou**il** let, bou**il** loi, trou**il** le, gou**il** la, nou**il** ler, bou**il** lot.

3e §.

IM PÉ RA TIF.	IM PÉ RA TIF.	IM PÉ RA TIF.
Présent et Futur.	*Présent et Futur.*	*Présent et Futur.*
Fou**il** le.	Mou**il** le.	Sou**il** le.
Fou**il** lons.	Mou**il** lons.	Sou**il** lons.
Fou**il** lez.	Mou**il** lez.	Sou**il** lez.
IM PÉ RA TIF.	IM PÉ RA TIF.	IM PÉ RA TIF.
Présent et Futur.	*Présent et Futur.*	*Présent et Futur.*
Bar bou**il** le.	Cha tou**il** le.	Bre dou**il** le.
Bar bou**il** lons.	Cha tou**il** lons.	Bre dou**il** lons.
Bar bou**il** lez.	Cha tou**il** lez.	Bre dou**il** lez.

4e §. la bou**il** loi re, la bou**il** lot te, la bre dou**il** le, la cor nou**il** le, la que nou**il** le, la gre nou**il** le, la mou**il** let te, la pa trou**il** le, la sou**il** lar de, la dé pou**il** le, l'an dou**il** let te, la bar bou**il** lée, la mou**il** lu re, la dou**il** let te, la que nou**il** lée, la bou**il** lie, la ge nou**il** lè re, la gre nou**il** lè re, la fou**il** le, la fe nou**il** let te, la gre nou**il** let te, la dou**il** le, la gár gou**il** la de, la gri bou**il** le rie, la que nou**il** let te, la mou**il** le - bou che.

5e §. **Cet** te bou**il** lie **est** beau **c**oup trop **c**lai re.
Je vais vous fai re **gril ler cet** te an dou**il** let te.
L'eau chauf fe vi te dans **c**et te bou**il** loi re.
La dou**il** let te neu ve de ma man **est** très-chau de.
Ma po**i** re a moins de jus que ta mou**il** le - bou che.

Ex er ci ce sur les syl la bes GEA, GEO, *etc.*

1er §. ja, gea, geat, geats; jo, geo, geô; jè, geai, geais; jau, geau, geaud; jan, gean, geant; jon, geon, geons.

2e §. SUB JONC TIF.   SUB JONC TIF.
Pré sent et fu tur.   *Pré sent et fu tur*
Il faut :   Il faut :

Que je bour geon ne.   Que je dé bour ge**oi** se.
Que tu bour geon nes.   Que tu dé bour ge**oi** ses.
Qu'il bour geon ne.   Qu'il dé bour ge**oi** se.
Qu'**el**le bour geon ne.   Qu'**el** le dé bour ge**oi** se.
Que nous bour geon ni ons.   Que nous débour ge**oi** si ons.
Que vous bour geon ni **ez**.   Que vous dé bour ge**oi** si **ez**.
Qu'ils bour geon nent.   Qu'ils dé bour ge**oi** sent.
Qu'**el** les bour geon nent.   Qu'**el** les dé bour geoi sent.

3e §. Le sur geon, **les** sur geons; le geai, **les** geais; le dra geon, **les** dra geons; le pi geon, **les** pi geons; le sau va geon, **les** sau va geons; le bour geon, le plon geon, le ba di geon, le **c**ou pe - bour geons, le geô li **er**, l'or geat, l'o ran geat, l'or geo l**et**, l'a bi geat, le geô la ge, le rou geaud, l'é **c**our geon, le fla geo l**et**, le **c**o par ta geant, l'é bour geon n**oi**r, l'**es** tur geon, le jau gea ge, l'é bour geon ne ment, le pi geon neau, le pi geon ni **er**, le ba di geon neur, l'en gean ce, la rou geo le, la **g**or ge - de - pi geon, l'o bli gean ce, la ven gean ce.

4e §. J'ai trou vé un nid de geai a**vec** quatre **œu**fs.
Je me ra fraî chi rai a **vec** un **v**er re d'or geat.
Mon pi geon blanc **est** ren tré dans le **c**o lom bi **er**.
Les bour geons de ce p**oi** ri **er** sont près d'é **c**lo re.
Lé on s'**est** bai gné **et** il a fait deux plon geons.
Ma man ser vi ra **ces** deux pi geon neaux à pa pa.
L'o bli gean ce rap por te plus qu'**el**le ne **c**oû te.

Ex er ci ce sur la syl la be QUA - COU A, *etc.*
1er §. cou a, qua; cou ar, quar; gou a, gua; gual.
2e § SUB JONC TIF.   SUB JONC TIF.
    Im par fait.   *Pas sé.*
  hi er, il fal lait :   Demain, il fau dra :
Que je qua dru plas se.   Que j'aie qua dru plé.
Que tu qua dru plas ses.   Que tu aies qua dru plé.
Qu'il qua dru plât.   Qu'il ait qua dru plé.
Qu'el le qua dru plât.   Qu'el le ait qua dru plé.
Que nous qua dru plassions. Que nous ayons qua dru plé.
Que vous qua dru plassiez. Que vous ayez qua dru plé.
Qu'ils qua dru plas sent. Qu'ils aient qua dru plé.
Qu'el les qua dru plas sent. Qu'el les'aient qua dru plé.
3e §. le qua dru ple, le qua dri la tè re, l'é qua teur,
le qua ter ne, le qua dru pè de, le qua dra gé nai re,
la lin gua tu le, la qua dra tu re, la qua dra tri ce,
la lo qua ci té, la li qua ti on, la col li qua ti on,
l'é qua ti on, la qua dra gé si me, l'aqua rel le,
4e §. Ma man a qua ran te ans : el le est qua dra gé nai re.
Les feuil les de la croi set te sont qua ter nées.
Cha que feuil le de l'in - quar to a hu it pa ges.
L'é qua teur par ta ge la ter re en deux moi ti és.
De main la lu ne se ra en qua dra tu re avec la ter re.
Tou te sur fa ce qua dri la tè re a qua tre cô tés.
Ce vais seau a fait le voy a ge de la Gua de lou pe.
Cet te per son ne est d'u ne lo qua ci té fa ti gan te.
Ce pein tre a u ne bel le col lec ti on d'a qua rel les.
J'a vais trois qua ter nes, et j'ai en fin un qui ne.
Le Gua dal qui vir ar ro se Cor doue et Sé vil le.
La Gua di a na tra ver se l'Es pa gne et le Por tu gal.
Char les, as-tu re te nu que le pre mi er di man che de
  ca rê me est le di man che de la qua dra gé si me ?

Exercice sur les syllabes PSO, PSAU, PTÉ, PTI, *etc.*

1ᵉʳ §. pe se, pse ; pe so, pso ; pe sau, psau ; pe seu, pseu ; pe sy, psy ; pe syl, psyl ; pe sa le, psal ; pe sè le, psel ; pe té, pté ; pe ti, pti, pty ; pe to, pto ; pneu, pe neu, be dè le, bdel ; me né, mné ; me nie, mnie ; pe syl, psyl.

2ᵉ §. psé, pso, psau, pseu, psy, psyl, psal, psel, pté, pti, pty, pto, pneu, bdel, mné, mnie, psyl, psal, psel, psal, psyl, psel, mnie, mné, bdel, pneu, pto, pty, psé.

3ᵉ §. SUBJONCTIF.

Pas sé.   Qu'elle ait psal mo di é.
De main, il fau dra :   Que nous ayons psal mo di é.
Que j'aie psal mo di é.   Que vous ayez psal mo di é.
Que tu aies psal mo di é.   Qu'ils aient psal mo di é.
Qu'il ait psal mo di é.   Qu'elles aient psal mo di é.

4ᵉ §. Le psal mis te, le psal té ri on, le psau me, le psoas, le psau ti er, le psé la phe, le pso que, le psyl le, le psel lis me, le pté ro carpe, le pté ro pho re, le pté ry go sta phy lin, le psi lo thre, le pso ra li er, la psal let te, la psy ché, la pso roph thal mie, la pso re, la psyl le, la pté ri de, la pti lo se, la pti ne, la pneu ma ti que, la pneu mo nie, la pneu ma to cè le, la pneu ma to se, la pneu ma to lo gie, le pty a lys me, la pleu ro pneu mo nie, la pseu da man te, la mnie, la bdel le, la mné mo ni que, la pto sis.

5ᵉ §. Le saint roi Da vid a é té ap pe lé le psal mis te.
Le psau ti er renferme cent cin quan te psau mes.
Les Ju ifs pin çaient du psal té ri on en chan tant.
Cet te gran de gla ce mo bi le s'ap pel le u ne psy ché.
Trei ze rois d'É gyp te ont por té le nom de Pto lé mée.
J'ai re te nu ce mot par un moy en mné mo ni que.
J'en lè ve rai l'air qui est ren fer mé dans cet te clo che a vec la ma chi ne pneu ma ti que.

Ex er ci ce sur le tré ma (¨).

1er §. faï, laï, maï, naï, raï, saï ; boï, doï, loï, noï, roï, soï, toï ; ploï, droï, troï, braïs, caï, coïn, gaï, goïs.

2e §. SUB JONC TIF.   IN DI CA TIF.
Plus-que-par fait.   *Pré sent.*
Il au rait fal lu :   J'é goï se.
Que j'eus se coïn ci dé.   Tu é goï ses.
Que tu eus ses coïn ci dé. Il é goï se.
Qu'il eût coïn ci dé.   El le é goï se.
Qu'el le eût coïn ci dé.   Nous é goï sons.
Que nous eus si ons coïn ci dé. Vous é goï sez.
Que vous eus si ez coïn ci dé.   Ils é goï sent.
Qu'ils eus sent coïn ci dé.   El les é goï sent.
Qu'el les eus sent coïn ci dé.

3e §. Le caï que, le laï que, le cu boï de, le cor soï de, le caï ca, le caï man, le caï ma can, le ca raïs me, le saï que, l'é goïs te, le co noï de, le del toï de, l'é goïs me, le ca raï be, le ca raï te, l'hé braïs me, le pé ta loï de, le rhom boï de, le cy lin droï de, le gaï ac, le ca ïc, le py ra mi doï de, l'hy oï de, la haï a de, l'hé roï ne, l'as troï te, l'hé roï ci té, l'hé roï de, la faï en ce, la naï ve té, la ja maï que, l'é pi ploï de, la faï en ce rie, la cris tal loï de, les cé pha loï des, l'hy per bo loï de, les gé ra noï des.

4e §. Cet te po te rie de ter re s'ap pelle de la faï en ce.
Pa pa a le pro jet d'a che ter ce fonds de fa ïen ce rie.
Ce rou leau de toi le for me un cy lin droï de.
Ce cro co di le est le caï man : sa chair se man ge.
Ce per ro quet est le caï ca : il vit dans la Gui a ne.
Je fe rai u ne pro me na de en mer dans cet te caï que.
La cris tal loï de en ve lop pe le cris tal lin.
L'é go ïs te ces se de vi vre a tant d'ê tre mort.

Exercice sur les syllabes UM-OME, RUM-ROME, *etc.*
1er §. o me, **um**; mo me, m**um**; no me, n**um**; ro me, r**um**; *rh*o me, *rh***um**, to me, t**um**; come, **cum**; so me, s**um**; cro me, cr**um**; nio me, ni **um**.
2e §. **um**, m**um**, n**um**, r**um**, *rh***um**, t**um**, **cum**, s**um**, cr**um**, ni **um** *rh***um**, **cum**, cr**um**.
3e §. Le si li ci **um**, l'a lu mi ni **um**, le glu ci ni **um**, le stron ti **um**, le cal ci **um**, le cé ri **um**, le po tas si **um**, le so di **um**, le li *th*i **um**, le ba ri **um**, le sé lé ni **um**, le va na di **um**, l'er bi **um**, le ter bi **um**, le zir co ni **um**, le dy dy mi **um**, l'it tri **um**, le *th*o ri **um**, le ma gné si **um**, l'os mi **um**, le *rh***um**, le la ba r**um**, le jé ju n**um**, le dé co r**um**, le fac to t**um**, le mi ni m**um**, l'hy pé ri **cum**, le pa ni **cum**, le du o dé n**um**, le *rh*o di **um**, le pal li **um**, le du **um** vir, le gé ra ni **um**, le fac t**um**, le mé **um**, le po pu lé **um**, le pal la di **um**, le fo r**um**, le mi ni **um**, le mu sé **um**, le mé di **um**, le li li **um**, le di as cor di **um**, l'i ri di **um**, le post-scrip t**um**, le r**um**, l'o pi **um**, le mé ga *th*é ri **um**, le mi **um**, le sa cr**um**, le mé co ni **um**, le dé li qui **um**, le ju di ca t**um**, le la ser pi t**um**, le di a bo ta n**um**, le lab da n**um**, le lau da n**um**, le del phi ni **um**, le la da n**um**, le dic t**um**, le nu tri t**um**, le gé **um**, le fac to t**um**, le mi ni m**um**, le di a mo r**um**,
4e §. Ce jeune bourgeois sait garder le décorum.
Les factotums sont fort peu aimés **des** valets.
Monseigneur va être décoré du palli**um**.
La gelée a fait mourir **mes** trois gérani**ums**.
La v**oix** de notre chantre a un très-beau médi**um**.
Sous l'empereur Constantin-le-Grand, l'aigle du labar**um** fut remplacé par une cr**oix**.

Exercice sur l'H aspirée.

1er §. ha, hâ; hé, hê; hi; ho, hu; hai, haie, haut; hou, houx; han, hon, hal, har; hup, hur, hus, houp, hour, hous; houil, houille; her, houx,

2e §. le hareng, le haricot, le houblon, le hoche-pot, le hameau, le hersage, le herseur, le hérisson, le hangar, le harnais, le hachoir, le hanneton, le hasard, le hussard, le hâtiveau, le houssage, le hêtre, le houssoir, le hallage, le havresac, le hâle, le houx, le héron, le hibou, le holement, le hurlement, le hoche-queue, le hache-paille, le harpin, le haleur, le hourdis, le hourdage, la hanche, la hulotte, la hauteur, la houlette, la houppe, la houille, la hachure, la houssaie, la honte, la hache, la hardiesse, la harengère, la haine, la huche, la haridelle, la houillère, la herse, la huppe, la hachette, la hallebarde, la haie, la halle, la haire, la harpe, la housse.

3e §. Mon frère aime beaucoup les haricots verts.
Babet, vos harengs sont beaucoup trop salés.
Ces liserons vont grimper plus haut que le mur.
Ces vers luisants sont des larves de hannetons.
Cette grande croisée a quatre mètres de hauteur.
Le hasard m'amène chez ma tante aujourd'hui.
Le héron a le cou et le bec fort longs.
La cathédrale a une tour plus haute que l'autre.
Le cheval d'Eugène a des harnais trop grands.
Les haies vives font de très-bonnes clôtures.
Nos chasseurs vont partir à la hutte ce soir.
Ce petit garçon a beaucoup trop de hardiesse.
Ce hameau aura un jeune abbé pour chapelain.
Ces chanteurs pincent parfaitement de la harpe.

— 65 —

Suite de la diphthongue oi.

1ᵉʳ §. moi, toi, noi, noie; voi, voit; soir, voir, pois; droi, froi, troi, ploi, gnoir, gois, cloî.

2ᵉ §. INDICATIF.   INDICATIF.
     Imparfait.   *Passé défini.*
Je poissais.   Je cloîtrai.
Tu poissais.   Tu cloîtras.
Il poissait.   Il cloîtra.
Elle poissait.   Elle cloîtra.
Nous poissions.   Nous cloîtrâmes.
Vous poissiez.   Vous cloîtrâtes.
Ils poissaient.   Ils cloîtrèrent.
Elles poissaient.   Elles cloîtrèrent.

3ᵉ §. Une étoile, une écritoire, une armoire, une écumoire, une angoisse.

Les dents de l'éléphant sont de l'ivoire.
Ce prédicateur a attendri tout l'auditoire.
La lune est couchée : on voit beaucoup d'étoiles.
Le prêtre a mis de l'encens dans l'encensoir.
L'éteignoir est trop petit pour ma bougie.
Maman a mis son linge dans l'armoire rouge.
Votre écumoire est trop grande pour ma marmite.

4ᵉ §. On ne peut voir au loin par ce temps sombre.
L'eau de ce gouffre tournoie rapidement.
J'ai une large écorchure à la jambe droite.
Je vais faire l'envoi de papa sans retard.
Mon frère entrera au bureau de l'octroi.
J'ai vu une étoile filante du côté du levant.
L'emploi de mon frère lui plaît beaucoup.
Ma tante m'a acheté cette jolie écritoire.
J'ai éprouvé une angoisse subite à la vue de cet enfant dont la figure était toute brûlée.

5.

Exer ci ce sur les syl la bes SPA, SPÉ, SPI, *etc*.

1er §. spa, spé, spi, spo, sphé, sphè, splen, sta, sté, sti, sto, stu, stam, stra, stras, stro, stuc, struc, stras; scé, scè, sci, scie, scin, sci a, sci u, sci en, scel.

2e §. IN DI CA TIF.   IN DI CA TIF.
Pas sé in dé fi ni.   *Pas sé an té ri eur.*
J'ai scin til lé.   J'eus spi ri tu a li sé.
Tu as scin til lé.   Tu eus spi ri tu a li sé.
Il a scin til lé.   Il eut spi ri tu a li sé.
El le a scin til lé.   El le eut spi ri tu a li sé.
Nous avons scin til lé.   Nous eû mes spi ri tu a li sé.
Vous avez scintillé.   Vous eû tes spi ri tu a li sé.
Ils ont scin til lé.   Ils eu rent spi ri tu a li sé.
El les ont scin til lé.   El les eu rent spi ri tu a li sé.

3e §. la spi re, la sta tue, la spa tu le, la sta ti cée, la spo de, la spi rée, la spi ra le, la sta ti que, la sti pe, la sphè re, la sta tu re, la sta bi li té, la stam pe, la stan ce, la sti pu le, la sté ri li té, la sta tè re, la stras se, la stro phe, la stu peur, la stra té gie, la splen deur, la spé ci a li té, la struc tu re, la stu pi di té, la sta lac ti te, la sphé ri ci té, la sté no gra phie, la sta tis ti que, la scè ne, la scie rie, la sci u re, la sci en ce. la scie, la sci a ti que, la scé lé ra tes se.

4e §. La mè che du tire bou chon a la for me d'u ne spi ra le.
Cet te étoi le bril le dans tou te sa splen deur.
La ter re a la for me d'u ne sphè re ou d'u ne bou le.
La sta ti cée se nom me aus si ga zon d'O lym pe.
Pre nez cet te spa tu le pour mê ler vo tre si rop.
La stu pi di té de l'â ne est re mar qua ble.
Pre nez la scie et vous scie rez cet te bû che.
J'ai vu la sta tue de Na po lé on Bo na par te à Pa ris.

Suite de la finale ER.

1er §. bé, ber ; ner, rer, ler, lers ; ter, ters ; bi er, li ers ; mi er, mi ers ; ni er, ni ers ; ri er ; si er, si ers ; ti er, ti ers ; vi er, vi ers ; cher ; di er, bli er, dri er, pli er, jou er, vri er, vri ers.

2e §. le pour par ler, **les** pour par lers ; le bar bi er, **les** bar bi ers ; le char re ti er, **les** char re ti ers ; le co gnas si er, **les** co gnas si ers ; le car ri er, **les** car ri ers ; le tra cas si er, **les** tra cas si ers ; le se ti er, **les** se ti ers ; le le vi er, **les** le vi ers ; le mé ti er, **les** mé ti ers ; le cu vi er, **les** cu vi ers ; le po ti er, **les** po ti ers ; le fu mi er, **les** fu mi ers ; le mil li er, **les** mil li ers ; le ca ra bi ni er, **les** ca ra bi ni ers ; le cui ras si er, **les** cui ras si ers ; le bû cher, **les** bû chers ; le goû ter, **les** goû ters ; le mû ri er, **les** mû ri ers ; le béli er, **les** béli ers.

3e §. Je vais vous don ner le da mi er pour jou er.
J'ai ra mas sé tren te dat tes sous ce pal mi er.
Ces plan ches de peu pli er sont très-lé gè res.
Vous mon te rez sur ce ma gni fi que cour si er.
J'ai trou vé un nid de ra mi er dans le bois.
J'a chè te rai un col li er pour mon ca ni che.
J'em por te rai ces poi res dans mon pa ni er.
No tre lai ti er vend du lait dé li ci eux.
Ce ma çon a mis trop d'eau dans son mor ti er.
A vez-vous mis vo tre ta bli er pour jar di ner ?
Le char re ti er a mè ne ra u ne voi tu re de bois.
Ce clo cher est sou te nu par qua tre pi li ers.
Met tez de l'eau bé ni te dans le bé ni ti er.
Ces dou ze ou vri ers font le mê me mé ti er.
J'ai a che té **mes** trois sou pi è res à ce po ti er.
Ces co gnas si ers ne sont pas de la mê me sor te.

Suite de la syllabe AIL, *etc.*

1er §. ail, bail, dail, fail, jail, lail, mail, nail, pail, rail, rails, sail, tail, trail, cail, gail, grail.

2e §. daille, faille, failli, laille, maille, maillo, maillu, paille, paillé, paillet, paillas, raille, saillie, taille, tailla, taillu, taillant, taillet, vaille, traille.

3e §. IN DI CA TIF. IN DI CA TIF.

Plus-que-Parfait.   *Plus-que-Parfait.*
J'avais mi traillé.   J'avais ferraillé.
Tu avais mi traillé.   Tu avais ferraillé.
Il avait mi traillé.   Il avait ferraillé.
Elle avait mi traillé.   Elle avait ferraillé.
Nous avions mi traillé.   Nous avions ferraillé.
Vous aviez mi traillé.   Vous aviez ferraillé.
Ils avaient mi traillé.   Ils avaient ferraillé.
Elles avaient mi traillé.   Elles avaient ferraillé.

4e §. la maille, la paille, la faillite, la taillade, la taille, la saillie, la futaille, la faille, la bataille, la paillasse, la taille-douce, la taillure, la ferraille, la tailleresse, la raillerie, la mailloche, la détaillante, la limaille, la pretintaille, la tirraillerie, la muraille, la volaille, la faillibilité, la médaille, la maillure, la taillanderie, l'entaille, l'entaillure, l'éraillure, l'émaillure, l'infaillibilité.

5e §. Ce laboureur va commencer sa semaille.
La paille forme un coucher très-sain.
Ce lapidaire taille une pierre magnifique.
Ce jeune guerrier ne craint pas la mitraille.
J'ai pêché deux tanches dans cette entaille.

x *initial* et x *final* dans les *syllabes*.

1ᵉʳ §. xa, xe, xi, xy, xu, xée, xem, xon, xil, xir, xys, xio, xion, xys, xil, xem, xu, xi, xio, xir, xon, xée.

2ᵉ §. mak se, max ; mik se, mix ; nik se, nix ; sik se, six, rink se, rynx, six, max, mix, nix, six, mix, rynx.

3ᵉ §. INDICATIF. INDICATIF. INDICATIF.

Futur.	*Futur*.	*Futur*.
Je fixerai.	Je luxerai.	Je malaxerai.
Tu fixeras.	Tu luxeras.	Tu malaxeras.
Il fixera.	Il luxera.	Il malaxera.
Elle fixera.	Elle luxera.	Elle malaxera.
Nous fixerons.	Nous luxerons.	Nous malaxerons.
Vous fixerez.	Vous luxerez.	Vous malaxerez.
Ils fixeront.	Ils luxeront.	Ils malaxeront.
Elles fixeront.	Elles luxeront.	Elles malaxeront.

4ᵉ §. le fixe, l'axiôme, l'oxalate, l'oxygène, l'axe, le paradoxe, le péroxyde, le protoxyde, l'axonge, la fixité, la parallaxe, la prolixité, la proximité, la fraxinelle, la luxuriance, l'oxalide, la préfixion, la fluxion, la sixte, la mixtion, la maxillaire, l'oxydabilité, l'élixir, le phénix, le pharynx, le contumax, l'auxiliaire, le paroxysme, le Luxembourg.

5ᵉ §. L'axe de cette roue n'est pas juste au milieu. Ce château a été bâti à proximité de la forêt. Le Jardinier va repiquer des saxifrages. La moule reste fixée à la place où elle est née. J'ai été à Paris, et j'ai vu le palais du Luxembourg. J'ai une fluxion à la joue droite depuis mardi. L'amour du luxe a ruiné beaucoup de familles. Je me suis luxé le pouce droit en tombant. Léon chante : il fait des quintes et des sixtes.

Suite de l'articulation CH - K.

1ᵉʳ §. ka, cha, chat; ki, chi, chie; ko, cho; chu; che, ché; kan, chan; kon, chon; kia, chia, chio; ké o, ché o; ki on, chi on; kal, chal; kè ne, chen.

2 §. cha, chi, chie, cho, chu, che, ché, chan, chon, chia, chio, ché o, chi on, chal, chen.

3ᵉ §. le chaos, le chorus, le choriste, l'échomètre, l'archéologue, le chorévêque, les Machabées, l'ischion, le catéchumène, l'archiépiscopat, le brachion, le bacchanal, le choléra-morbus, l'écho, le chorégraphe, l'ischio-caverneux, le sacro-ischiatique, l'archange, l'archonte, le chalcite, les chalcidites, le lichen, l'échométrie, l'ischiocèle, la brachigraphie, la cholérine, la bacchanale, la bronchotomie, la monomachie, la bacchante, la chondrographie, la malachie, la chalcide, la Chaldée, la Bucharie, la lichenée, l'archéologie, l'Eucharistie.

4ᵉ §. Le monde ne fut d'abord qu'un véritable chaos. Le choléra a ravagé la France en mil *hu*it cent trente-deux et en mil *h*uit cent quarante-neuf.
La cholérine fait moins de victimes que le choléra.
L'écho peut répéter jusqu'à vingt syllabes.
Les frères Machabées ont montré un rare courage.
Jacob vécut longtemps dans la terre de Chanaan.
L'eucharistie est le plus grand des sacrements.
Le bacchanal de ces buveurs m'é tourdit.
L'assemblée t'a applaudi, et j'ai fait chorus.
Léon a une forte voix, il fera un bon choriste.
Observez l'échomètre pour battre la mesure.
L'archevêque a la dignité archiépiscopale.
Théodore s'est foulé le nerf brachial droit.

Suite des syllabes EB, ED, *etc.*

1ᵉʳ §. è bé, eb ; ed, ef, el, ep, er, es, et, es, ep, el.
2ᵉ §. se ce, ces; des, fes, les, mes, nes, ses, tes, zes.
bles, ples, dres, fres, pres, tres, cres, gres, gref.

3ᵉ §. IN DI CA TIF.	IN DI CA TIF.
Futur antérieur.	*Futur antérieur.*
J'au rai ces sé.	J'au rai res té.
Tu au ras ces sé.	Tu au ras res té.
Il au ra ces sé.	Il au ra res té.
Elle au ra ces sé.	Elle au ra res té.
Nous au rons ces sé.	Nous au rons res té.
Vous au rez ces sé.	Vous au rez res té.
Ils au ront ces sé.	Ils au ront res té.
Elles au ront ces sé.	Elles au ront res té.

4ᵉ §. la les si ve, la mol les se, la né ces si té, la ces si on, la con ces si on, la pro fes si on, la pro mes se, la pos ses si on, la quin tes sen ce, la mes se, la bas ses se, la fres su re, la tres se, la ten dres se, la fai bles se, la sou ples se, la com pres si on, la bles su re, la com pres se, la pres si on, la di gres si on, la trans gres si on, le des sin, le des sein, le mes sa ge, le cres son.

5ᵉ §. Saint Mar tin a res sus ci té trois morts.
La vi gi lan ce est né ces sai re au maître.
La pa res se a mè ne tou jours l'in sen si bi li té.
La té mé ri té est plus fu nes te que la crain te.
Je me su is bles sé aux deux ge noux en tom bant.
Mon frè re se ra le suc ces seur de mon pè re.
L'on cle de Char les est pro fes seur de des sin.
Je su is char mé de la po li tes se de Char lot te.
Nous de vons cor res pon dre à la ten dres se de nos pa rents qui se sa cri fient pour nous.

s entre deux voyelles ayant la valeur du z.

1er §. rose, rési, beso, présu, taisie, désen, présen, naison, prison, chaison, désor, moisis, clusée.

2e §. La rose, la dose, la prise, la prose, la phrase, la rosée, la ciselure, la physique, l'oisiveté, la prison, la mortaise, la besogne, l'oraison, la résine, la chaise, la rosière, la couseuse, la cerise, la merise, la chemise, la jalousie, la médisance, la conjugaison, la basilique, la déraison, la feuillaison, la demoiselle, la présence, la jardineuse, la morte-saison, la chasuble, la chemisette, la malfaisance, la cerisaie, la confiseuse, la mésaventure, la marquise, la générosité, la combinaison, l'oseraie, la philosophie, la métamorphose, la bise, la fantaisie, la division, l'infusion, l'incision, l'illusion, l'effusion, l'occasion, la contusion, la confusion, la conclusion.

3e La générosité d'Albert m'a vivement touché.
Cette personne a la physionomie très-bonne.
Ce jeune enfant a déjà beaucoup de raison.
Le maçon va faire le faîtage de notre maison.
On ne se couche pas sur le dossier de sa chaise.
Les pétales de cette rose sont peu odorantes.
Le mufle d'azor est froid en toute saison.
J'ai entendu une musique insupportable.
Ne dites jamais la moindre parole injurieuse.
La médisance a souvent causé des désordres.
La gourmandise abrége singulièrement la vie.
Le diamant est la pierre la plus précieuse.
Je vais lire cette oraison universelle.
Un captif gémit dans cette étroite prison.

Sui te du т *sif flant.*

1ᵉʳ §. l'é du ca ti on, la ré duc ti on, la dis tri bu ti on,
l'i mi ta ti on, la pri va ti on, la con gré ga ti on,
l'é mu la ti on, l'in vo ca ti on, la con sé cra ti on,
la fonc ti on, l'ab so lu ti on, la con fir ma ti on,
l'at ten ti on, la for ma ti on, la pa ni fi ca ti on,
la né ga ti on, la di rec ti on, la mo di fi ca ti on,
la pu ni ti on, l'o bli ga ti on, la fé li ci ta ti on,
la lo ca ti on, l'ap pa ri ti on, la pu ri fi ca ti on,
l'a do ra ti on, la na ta ti on, la re com man da ti on,
l'onc ti on, la pros ter na ti on, la ré cla ma ti on,
la na ti on, la con so la ti on, la pré ci pi ta ti on,
la dé vo ti on, la si tu a ti on, la pro non ci a ti on,
l'am bi ti on, la col la ti on, la sanc ti fi ca ti on,
la por ti on, la pri va ti on, la ré con ci li a ti on,

2ᵉ §. Mon frè re a l'in ten ti on de sor tir ce soir.
Vo tre cou ra ge me com ble de sa tis fac ti on.
La Chan de leur est la fê te de la Pu ri fi ca ti on.
J'ai vu u ne é toi le fi lan te dans cet te di rec ti on.
Mon sei gneur don ne ra la con fir ma ti on de main.
L'in ven ti on de Char les nous se ra u ti le.
U ne pe ti te oc cu pa ti on m'a re te nu ce ma tin.
Hen ri tra vail le à sa sanc ti fi ca ti on.
La mé chan ce té re çoit tou jours sa pu ni ti on.
Les saints vi vaient dans les mor ti fi ca ti ons.
Saint Fran çois vi vait dans la con tem pla ti on.
On voit dans la trans fi gu ra ti on du Sau veur u ne
  ma ni fes ta ti on de la gloi re de Di eu.
J'ai as sis té à trois dis tri bu ti ons de prix.
On fe ra u ne plan ta ti on de croix di man che.
Ne con fon dez pas l'é mu la ti on avec la ja lou sie.
Cet te pau vre fa mil le ne vit que de pri va ti ons.

Ex er ci ce sur les syl la bes QUI-CUI, GUI-GUI, *etc.*

1ᵉʳ §. qu i, qué, qu in, qu er, qu es; gu i, gu il, gu is.

2ᵉ §. CON DI TI ON NEL. CON DI TI ON NEL.

Pré sent. *Pré sent.*

Je qu in tu ple rais. J'ai gui se rais.
Tu qu in tu ple rais. Tu ai gu i se rais.
Il qu in tu ple rait. Il ai gu i se rait.
El le qu in tu ple rait. El le ai gu i se rait.
Nous qu in tu ple ri ons. Nous ai gu i se ri ons.
Vous qu in tu ple ri ez. Vous ai gu i se ri ez.
Ils qu in tu ple raient. Ils ai gu i se raient.
El les qu in tu ple raient. El les ai gu i se raient.

3ᵉ §. le qu in tu ple, le qu in ti di, le qu in dé ca go ne, l'a qu i li er, l'a qu i lai re, le cu i der, le la qu é ai re, le qu es teur, la qu in qu é rè me, la li qu é fac ti on, la lo qu è le, la qu é ré mo nie, l'ab la qu é a ti on, l'é qu i ta tion, la qu es tu re, A qu i la, A qu i lée, l'ai gu il li er l'ai gu i se ment, l'ai gu il le ti er, l'an gu is, l'ai gu il lon, l'ai gu il le, le qu in que no ve, le qu in qu er ce, le qu in tet to, la con ti gu i té, la con san gu i ni té, l'ai gu il let te, l'ai gu il lée, l'ai gu il la de, Gu i pus co a, Gu i se,

4ᵉ §. Je sais que quin ze est le qu in tu ple de trois.
Le qu in ti di est le cin qui è me jour de la dé ca de.
Char les mon te à che val : il ap prend l'é qu i ta ti on.
Il y a u ne seu le ai gu il le dans vo tre ai gu il li er.
Char lot te man ge ra u ne ai gu il let te de pou let.
Pa pa n'a chè te ra pas cet te mai son, il est dé ci dé
 à la lou er ; il fe ra un bail qu in qu en nal.
Re mar qu ez que la li qu é fac ti on de la ci re s'o pè re
 à u ne tem pé ra tu re peu é le vée.
Re te nez que le qu in dé ca go ne a quin ze cô tés.

Ex er ci ce sur les syl la bes DUN-DON, FUN-FON, *etc.*
1er §. don, dun ; fon, fun ; jon, jun ; lom, lum ; pon,
pun, dun, fun, jun, lum, pun, tun, pun, jun, dun,
2e §. le lum ba go, le dé pro fun dis, le pi pun cu le,
l'o pun ti a, le pé tun sé, le jun ca no le con jun go.
la fun gi ne, Dum fri *es*, Dum bar, Dum bar ton.
Le pé tun sé ser*t* à fai re la por ce lai ne de Chi ne.
Je dis le dé pro fun dis pour un pa ren*t* dé cé dé.

3e §. *Ex er ci ce sur les syl la bes où le* p *est nul.*
le comp te, le comp ta ble, le comp tant, le bâp tê me,
le comp te - pas, le bap tis tè re, le comp te - ren du,
l'a na bap tis te, l'a na bap tis me, le bap tis tai re,
le comp teur, le comp toir, le comp te-cou rant,
le comp te - fils, le comp te reau, le comp to ris te,
la comp to ni te, la comp to sie, la comp to nie,
la comp tá bi li té, la promp ti tu de.
4e §. Je par*s*, et je vais re ve nir promp te men*t*.
L'é clair est promp*t* ; la lu mi è re est promp te.
Je ne mon te rai pas ce che val in domp ta ble.
Thé o phi le a é té bap ti sé le jour de sa nais san ce.
Ju les sait comp ter jus qu'à tren te - qua tre.
Lé on cal cu le très-vi te ; il fe ra un bon comp ta ble.
J'ai l'ha bi tu de de pa yer tou*t* ar gen*t* comp tan*t*.
Vous comp te rez vo tre ar gent sur le comp toir.
Quel est vo tre nom de bap tê me ? — C'est Char les.
Thé o do re n'a pas comp té sa sous trac tion.
Pa pa a a che té un comp teur à gaz : on va le po ser.
Cet te mar chan de sait par fai te men*t* son comp te.
Pa pa fe ra le comp te-ren du de ce dis cours.
Char les ap prend la comp ta bi li té com mer ci a le.
La promp ti tu de d'Eu gè ne me fait plai sir.

Sui te des syl la bes BEC, *etc.*

1ᵉʳ §. bè que, bec ; fè que, fec; jè que, jec; tè que tec ; vè que, vec; pè que, pec, spec ; flè que, flec

2ᵉ §. bec, fec, jec, pec, sec, tec, vec, spec flec, vec, sec, grec, jec, spec, bec, flec, fec

3ᵉ §. le ré flec teur, le spec ta teur, le bec-ou vert la rec ti tu de, l'im pec can ce, la pec ca dil le, la lec tri ce, la di a lec ti que, l'in sec to lo gie l'in vec ti ve, la spec ta tri ce, la tra jec toi re, la grec que, la sous-pré fec tu re, l'im pec ca bi li té, la per fec ti bi li té, la sous-di rec tri ce, Que bec, l'in dé fec ti bi li té, l'im per fec ti bi li té, Ruf fec, la pers pec ti ve, la ré fec to ri è re, Lec tou re, la pré fec tu re, l'é lec tri ci té, la con jec tu re, l'ins pec tri ce, la pro tec tri ce, la cor rec tri ce, le gros-bec, le pro tec to rat, le bec-de-cor bin, le pec ti né, le bec-de-li è vre, l'é lec tro mè tre, le col lec tif, l'é lec tro pho re, le con jec tu reur, l'é lec tu ai re, l'é lec tros co pe, le sous-di rec teur, le bec-de-can ne, le col lec teur, le bec quil lon, le cor rec teur, le dis sec teur, l'in sec ti vo re, le pro tec teur, le pro jec ti le, le pros pec tus, le ré fec toi re, le bec-de-grue, le sec ta teur, le spec tre, le spec ta cle, le bec-de-per ro quet.

4ᵉ§. Le dî ner est ser vi: on va se rendre au ré fec toi re. Pa pa va être nom mé, sous-di rec teur des douanes. J'ai trou vé un nid de gros-bec et un nid de pin son. Les cou leurs de l'arc-en-ci el for ment le spec tre. Cet te bom bar de a ser vi à lan cer des pro jec ti les. J'ai vu deux moi neaux bec que ter nos pru nes. Ce ré flec teur ren voie très-mal la lu mi è re. J'ai é té spec ta teur d'u ne scè ne qui m'a é mu.

Suite des syllabes BOUIL, DOUIL, FOUIL. *etc.*

1er §. bouil, douil, mouil, nouil, rouil, zouil, nouil ; brouil, trouil, gouil, trouil, brouil, gouil, zouil.

2e §. bouilla, bouillis, douille, douiller, mouilla, nouillet, rouille, rouillé, rouillard, zouillé, zouillis, brouille, brouilla, brouillé, brouillard, trouille, gouille, gouillis.

3e §. CONDITIONNEL.   CONDITIONNEL.
    Présent.   *Passé.*

Je brouillerais.   J'aurais gazouillé.
Tu brouillerais.   Tu aurais gazouillé.
Il brouillerait.   Il aurait gazouillé.
Elle brouillerait.   Elle aurait gazouillé.
Nous brouillerions.   Nous aurions gazouillé.
Vous brouilleriez.   Vous auriez gazouillé.
Ils brouilleraient.   Ils auraient gazouillé.
Elles brouilleraient.   Elles auraient gazouillé.

4e §. Le gazouillis, le gargouillis, le brouillard, l'embrouillement, le mouillage, le souillard, l'andouiller, le gribouillage, la brouillerie, le débrouillement, la brouille, la citrouille, le débouillissage, la gargouille, l'andouille, le brouillement, le brouillamini, le gargouillement, le dérouillement, le gazouillement.

5e §. Ce brouillard épais empêche de voir au loin. Angélique fera de la soupe à la citrouille. Cette andouille a un demi-mètre de longueur. Je vais faire le débrouillement de ces papiers. Claude n'écrit pas, il fait du gribouillage. J'ai retrouvé mon couteau et je l'ai dérouillé. L'hirondelle de Charles gazouille sans cesse

Ex er ci ce sur la syl la be EX-EKCE, *l'*EX, *etc.*

1er. §. ek ce, ex ; dek ce, dex ; lek ce, lex ; l'ek ce, l'ex ;
rek ce, rex ; sek ce, sex ; tek ce, tex ; lek ce, lex.
2e §. ex, dex, lex, rex, sex, tex ; ex pé, ex ten, ex por,
ex tir, ex tra, ex tré, ex por, ex tra, ex ten, rex, dex.
3e §.   IM PÉ RA TIF.   IM PÉ RA TIF.   IM PÉ RA TIF.
Pré sent et fu tur. Pré sent et fu tur. Pré sent et fu tur.
Ex pli que.   Ex plo re.   Ex pul se.
Ex pli quons.   Ex plo rons.   Ex pul sons.
Ex pli quez.   Ex plo rez.   Ex pul sez.
   IM PÉ RA TIE.   IM PÉ RA TIF.   IM PÉ RA TIF.
Pré sent et fu tur. Pré sent et fu tur. Pré sent et fu tur.
Ex pri me.   Ex por te.   Ex ploi te.
Ex pri mons.   Ex por tons.   Ex ploi tons.
Ex pri mez.   Ex por tez.   Ex ploi tez.
4e §. L'in dex, l'ex près, le tex te, le mu rex, le si lex,
l'ex pert, l'ex tra dos, l'ex ter nat, l'ex pé di teur,
l'ex ter ne, l'ex por ta teur, l'ex pé ri men ta teur,
le pré tex te, l'ex-vo to, l'ex trait, l'ex tir pa teur,
le sex tu ple, l'ex ploit, l'ex plo ra teur,
l'ex ten seur, l'ex ten si on, l'ex tra va gan ce,
l'ex cur si on, l'ex tré mi té, l'ex crois san ce,
l'ex pan si on, l'ex pul si on, l'ex pan si bi li té,
la con tex tu re, l'ex cur si on, l'ex ten si bi li té.
l'ex tor si on, la tex tu re, la dex té ri té.
5e §. Pa pa m'at ten dra à l'ex tré mi té de ce che min.
Ma man a ache té **des** cal vil les ex quis ce ma tin.
On va ex trai re de la tour be de **cet** te en tail le.
J'ai vu fai re un tour de for ce ex tra or di nai re.
Un tu mul te ex té ri eur m'a trou blé **cet** te nu it.
Ce pau vre ma la de **est** d'u ne fai bles se ex trê me.
Lou i se sait que dou ze **est** le sex tu ple de deux.

Mots où la lettre s finale se prononce.

1ᵉʳ §. bice, bis ; bus, dus, lis, laps, mis, mus, nis, nos, pas, pis, quis, ris, ros, rus, reims, tis, tus, thos, vas.

2ᵉ §. Le lapis, le panis, le lampas, le pathos, le quis, le laps, le lotus, le muris, le pannus, l'ormus, l'oasis, le phébus, le loris, le mérinos, l'obus, l'ours, le nodus, le papyrus, le phlomis, Reims, la misis, l'orémus, le phyllis, le phosis, Privas, le radius, le lépas, le rhinocéros, le rachitis, le paréatis, le péritonitis, le péricarditis.

3ᵉ §. Le lapis **est** très-dur ; il peut ra**yer** le ver re.
Beau**c**oup d'**oi**s**c**au**x** se nour ris s**ent** de pa nis.
Je su**is** res té un **c**our**t** laps de temps dans vo tre vil le.
Le lo ris **est** de la mê me tail le que l'é **c**u reuil.
La lai ne de ce mé ri nos **est** d'u ne gran de fi nes se.
Vous li **rez** dans Buf fon que l'ours **est** l'a ni mal le plus car nas si**er** que la na tu re ai**t** produi**t**.
J'ai un no dus au pou ce **et** je ne peux le pli**er**.
Les feuil**l**es du pa py rus ont quel que fo**is** plus de tren te-tr**ois** cen ti mè tres de lar geur.

Mots où le T *final se prononce.*

4ᵉ §. bu te, but ; lot, lest, put, piat, post, rit, rut, troït.
Le but, le rit, le lest, le putput, le prétérit, le rut, le Lot, l'opiat, l'introït, la post-date.
Ma s**œu**r ar ri ve ra à la mes se a van**t** l'in troït.
Tous **les** na vi ga teurs sa ven**t** par fai t**e** men**t** que le lest le plus pe san**t est** ce lu i qu'on pré fè re.
J'ai ti ré mon vin : je re **c**ou vri rai **les** bou chons a ve**c** du lut, **c**ar je **c**rains qu'ils ne sau ten**t**.
Ce pres ti di gi ta teur a é té ap plau di par **les** spe**c** ta teurs : tou te la ga le rie a **c**ri é bis.
Le putput a une touf fe de plu mes sur la tê te.

Mots où les syllabes initiales DES, RES,
se prononcent DE, RE.

1ᵉʳ §. de çu, des sus ; des sous. res se, res sem, res sen,
res saut, res sor, res sas, res sort, res sour, res ser.

2ᵉ §. SUBJONCTIF. 　　　　　　　SUBJONCTIF.
Présent et Futur.　　　　　　　*Imparfait.*
　Il faut :　　　　　　　　　　　Il fallait :

Que je res sem ble.	Que je res se me lasse.
Que tu res sem bles.	Que tu res se me las ses.
Qu'il res sem ble.	Qu'il res se me lât.
Qu'elle res sem ble.	Qu'elle res se me lât.
Que nous res sem bli ons.	Que nous res se me las si ons.
Que vous res sem bli ez.	Que vous res se me las si ez.
Qu'ils res sem blent.	Qu'ils res se me las sent.
Qu'elles res sem blent.	Qu'elles res se me las sent.

3ᵉ §. le des sus, le des sous, le res sort, le bas-des sus.
le res saut, le res sen ti ment, le res ser re ment,
la res sour ce, la res sem blan ce.

4ᵉ §. Le des sus de ma main droi te est tout ger cé.
Le res sort de ma mon tre s'est cas sé mer cre di.
Le des sous de cet te ta ble est tout ver mou lu.
Je me su is res sen ti long temps de ma chu te.
Pa pa a se cou ru u ne fa mil le sans res sour ce.
Ma man a l'ha bi tu de de res sas ser sa fa ri ne.
Je vais res ser rer les cor dons de mes sou li ers.
Char les res sem ble beau coup à son pè re.
Ma sœur est ren trée, et el le va res sor tir.
Ma man fe ra res se me ler mes vi eux sou li ers.
Di eu a vou lu fai re l'hom me à sa res sem blan ce.
Ne te lais se pas do mi ner par le res sen ti ment.
Cet te pau vre mè re de fa mil le a un res ser re ment
de cœur qui al tè re in sen si ble ment sa san té.

Sui te de l'ar ti cu la ti on CH - K.

1ᵉʳ §. Kal, chal, chis, ches, chœur, cla, chla, chlé, chlo; cre, chre, chré, chrê, chro, chris, christ; qui al, chi al, ich, drach, nech, tech.

2ᵉ §. SUB JONC TIF.   Qu'el le se soit ———.
Pas sé.   Que nous nous soy ons.
Que je me sois chry sa li dé.   Que vous vous soy ez—.
Que tu te sois chry sa li dé.   Qu'ils se soient ———.
Qu'il se soit chry sa li dé.   Qu'el les se soient ——.

3ᵉ §. le chal ci te, le kurt chis, les chal ci di tes, le chœur, le chlo re, le chrê me, le chlo ra te, le chrô me, le chro no mè tre, le chro ni queur, le chlo ru re, le co chlé a ria, le chro no gra phe, le chlo ri te, le chro no gram me, l'or ches tre, le chrô ma te, le chro no lo gis te, le chré meau, le mé ta chro nis me, Chris to phe, Saint-Christ, le chris ti a nis me, l'an té christ, l'ich neu mon, la chla mi de, la lych ni de, la drach me, l'o chre, la chro ni que, l'or ches ti que, l'o don to tech nie, la chro no lo gie, la pal ma - chris ti.

4ᵉ §. Mon frè re en tre ra à l'é co le po ly tech ni que.
Le pe tit Ju les se ra en fant de chœur di man che.
Chris to phe a lu l'his toi re de son saint pa tron.
Eugène sait la chro no logie des rois de Fran ce.
La pal ma-chris ti a des feuil les très-lar ges.
Thé o do re s'est fou lé le nerf bra chi al droit.
Au gus tin va jou er du vi o lon à l'or ches tre.
Le chlo re sert à blan chir la toi le et le lin ge.
J'ai vu bé nir le saint-chrê me le jeu di-saint.
On n'a bo li ra ja mais le chris ti a nis me.
Lé on, tout le sa ble du chro no mè tre est pas sé ; vo tre œuf est cu it, sor tez-le de l'eau.

6.

— 82 —

s entre deux voyelles ayant la valeur du z.

1.° Si lisé, désu, rose, saison, nuisi, réser.
2.° Le déserteur, le déshonneur, le menuisier, le désert, le biset, le fusiller, le désaccord, le brisoir, le cousoir, le rosier, le cerisier, le merisier, le brasier, l'éclusier, l'oisillon, la rosette, la chemisette, la demoiselle, La filoselle, la fusillade, la fauchaison, la disette, la réserve, la persuasion.
3.° Si Ne dites jamais la moindre parole injurieuse.
La médisance a causé beaucoup de désordres.
La désunion conduit les familles à la ruine.
La fumée d'une lampe est nuisible à la santé.
Ces rosiers sont couverts de tendres boutons.
Notre vigne sera chargée de raisin cette année.
La nonchalance occasionne beaucoup d'embarras.
Le lapin creuse sa demeure dans la terre.
Ces roses sont d'une fraîcheur admirable.
Il faut couper toutes ces branches nuisibles.
Ces boutures de vignes sont toutes reprises.
Ces mouille-bouche sont fort juteuses.
La rosée arrose les plantes pendant la nuit.
La gelée est très-dangereuse pour les melons.
La froidure de cette saison me fait souffrir.
Ne vous laissez pas désunir par la rivalité.
Le platine est le plus pesant des métaux.
Ce faible ruisseau fertilise cette belle vallée.
Un navire est venu se briser contre ce rocher.
Le chagrin occasionne quelquefois la folie.
L'envie trouble la raison: combattez ce vice.
Les balles des fusils sont faites avec du plomb.
Notre petit cousin Paul se plaira avec nous.

Suite de la finale ER.

1er §. bé, ber; cer, cier, ciers; dier, diers; nier, niers; pier, piers; rier, riers; sier, siers; tier, tiers; vier, gnier, gniers; trier, vrier, vriers; mier, liers, plier, cher, ver.

2e §. Le fourrier, les fourriers; le passementier, les passementiers; le robinier, les robiniers; le chaufournier, les chaufourniers; le lancier, les lanciers; le charpentier, les charpentiers; le chapelier, les chapeliers; le châtaignier, les châtaigniers; le cordier, les cordiers; le baguenaudier, les baguenaudiers; le pourpier, les pourpiers; le pâtissier, les pâtissiers; le roturier, les roturiers.

3e §. Ce charpentier va faire deux trous de tarière. La sève de ce peuplier est peu abondante.
Anatole a acheté un bélier et deux brebis.
Papa a planté deux mûriers et un poirier.
J'ai un levier pour soulever ce peuplier.
Mon frère Louis va attacher ce cheval mutin.
Je vais donner mon pain à ce mendiant.
Nous remplirons ce grand cuvier d'eau.
Ce peintre a un talent tout particulier.
Je vais coucher sur ce sommier élastique.
Le balancier de cette pendule est trop court.
Le tapissier va venir coller notre papier.
Papa a vendu une carrière à ce plâtrier.
Mon frère est militaire au premier lanciers.
Le pluvier a les jambes très-longues.
Ce cordier m'a vendu une corde de très-solide.
Je vendrai mon vieux paletot à ce fripier.
Mon bottier me fera deux paires de souliers.

Suite de la syllabe AIL, *etc.*

1er §. ail, bâil, daïl, faïl, jaïl, maïl, naïl, païl, raïl, raïls, saïl, taïl, vaïl, caïl, gaïl, traïl, graïl.
2e §. raille, railles; saille, sailles, saillant, maille, mailles, maillot, taille, tailles; taillu, taillis, taillon, taillant, tailleur, raille, raillu, railleur, sailli, pailleur, pailler, mailleur, jaillis, vailler, tailloir.

3e §. SUBJONCTIF. *Passé.*   SUBJONCTIF. *Plus-que-parfait.*
Pour demain, il faudra :   Il aurait fallu :
Que j'aie détaillé.   Que j'eusse tiraillé.
Que tu aies détaillé.   Que tu eusses tiraillé.
Qu'il ait détaillé.   Qu'il eût tiraillé.
Qu'elle ait détaillé.   Qu'elle eût tiraillé.
Que nous ayons détaillé.   Que nous eussions tiraillé.
Que vous ayez détaillé.   Que vous eussiez tiraillé.
Qu'ils aient détaillé.   Qu'ils eussent tiraillé.
Qu'elles aient détaillé.   Qu'elles eussent tiraillé.

4e §. Le taillant, le médailliste, le ferrailleur, l'empailleur, le batailleur, le jaillissement, l'émailleur, l'éraillement, le taille-plumes, le maillot, le taillis, le taillon, le pailler, le tailloir, le poitrail, le taille-mèches, l'assaillant, le tailleur.

5e §. Papa aime beaucoup à travailler le matin.
Ce laboureur commencera sa semaille demain.
Les mailles de cette chaîne sont très-solides.
J'ai vu deux chevrettes dans le taillis.
Mon couteau de table a un très-bon taillant.
Le tailleur m'a rapporté mon pantalon noir.
Ce jeune général a déjà gagné trois batailles.
On répare les murailles de cette citadelle.

Ex er ci ce sur les syl la bes BEN-BIN, GEN-GIN, *etc.*

1ᵉʳ §. in, **en**; bin, **ben**; cin, **cen**; din, **den**; gin, **gen**; lim, **lem**; lin, **len**; min, **men**; pim, **pem**, pin, **pen**; rim, **rem**; rin, **ren**; sim, **sem**; vin, **ven**; blin, **blen**; klin, **klen**; rin se, **rens**; thin, **then**.

2ᵉ §. ben, cen, den, gen, lem, len, men, pem, pen, rem, ren, sem, ven, blen, klen, rens, then.

3ᵉ §. Le men tor, l'a gen da, le ben join, Appen zel, le ben zo a te, l'ap pen di ce, le pac ta -con ven ta, le mé men to, le Ben ga le, le Ben ga li, l'A len te jo, le pem phi gus, le Mec klen bourg, la blen de, la sem pi ter ne, la sem pi ter nel le, Ma ren go, les den dro pho res, le sem per vi rens, Benjamin, le pen sum, le pla cen ta, A gen, Go then bourg, Lem berg, Nu rem berg, A rens berg, Ben der.

Ex er ci ce sur les syl la bes EM-ÈME, CEM-CÈME, *etc.*

4ᵉ §. è me, **em**; è ne, **en**; cè me, **cem**; dè me, **dem**; dè ne, **den**; gè ne, **gen**; lè me, **lem**; lè ne, **len**; mè me, **mem**; mè ne, **men**; rè me, **rem**; sè ne, **sen**; tè me, **tem**; tè ne, **ten**; trè me, **trem**; kè ne, **chen**.

5ᵉ §. em, en, cem, dem, den, gen, lem, len, mem, men, ren, sen, tem, ten, trem, **chem**, **chen**, ken, xen, tren, **chen**.

6ᵉ §. Le glu ten, le gra men, le pollen, le dé cem vir, le cros sen, le tu au tem, le dic ta men, A len, l'ab do men, l'hy men, le lem me, le di lem me, le dé cem vi rat, le cy cla men, le qu in dé cem vir, le pa ras trem ma, le dis cri men, l'in dem ni té, Jé ru sa lem, Beth lé em, Di li gen, Gi es sen, Sem, A den, Al sen, Ba den, Bei rem, Mem mel, l'é den, le li **chen**; A **chem**, Ale ken, Bri xen, Il men.

Mots où le son AM *se prononce* A.

1er §. da na, dam na; da né, dam né, dam nés, dam ner, da ment, dam ment; damna, damné, damment, damner. le dam né, **les** dam nés; le con dam né, **les** con dam nés; la dam na ti on, **les** dam na ti ons; la con dam na ti on, **les** con dam na ti ons; dam na ble, con dam na ble; dam na ble ment; dam ner, con dam ner.

2e §. Les dam nés souf fri ront pen dant l'é ter ni té. Ce con dam né a en ten du pro non cer son ju ge ment sans lais ser pa raî tre la plus lé gè re é mo ti on. On va pro non cer la con dam na ti on de ce par ri ci de. On se dam ne pour **des** plai sirs qui font mille fois plus de mal qu'ils ne pro cu rent de jou is san ce. **Les** ju ges trem blent de con dam ner l'in no cen ce. Le mon de **est** plein de ma xi mes dam na bles. Si l'on cher che à ê tre *heu* reux in dé pen dam ment de Di eu, on ne trou ve ra par tout que dé cep ti on.

Mots où le son AM *se pro non ce* A ME.

3e §. a me, am; da me, dam; la me, lam; ra me, ram; ha me, ham; a me se, ams; am, dam, lam, ram.

4e §. Le bai ram, **les** bai rams; le tam tam, **les** tam tams; le ma da po lam, **les** ma da po lams; le ma su li pa tam, **les** ma su li pa tams; Rot ter dam, Se rin ga pa tam, Ams ter dam, Tri vran de ram, l'île Gua *ha*m, An nam, Nid zam, Ban tam, Amstel, Agram, Siam, Post dam, le Kamt chat ka, **les** kamt cha da les, Not tin g*ham*, Bir min g*ham*, Cham, A bra *ha*m, Ham.

Maman m'a chè te ra un pan ta lon de ma da po lam. J'ai u ne dou zai ne da mou choirs de ma su li pa tam. La ville d'Amsterdam est bâ tie sur pi lo tis.

Sui te des syl la bes EB, ED, *etc.*

1ᵉʳ §. è be, eb ; éd, ef, el, ep, er, es, et, es, ep, eb.
2ᵉ §. bè te, bet ; cet, det, get, let, met, net, ret, set, vet, cep ; des, d'es, ges, mes; ber, per, ver, fert, bles, dres, gref, gret, fou et, dres, bles, gref, gret.

3ᵉ §. INDICATIF.   INDICATIF.   INDICATIF.
       Pré sent.   *Pré sent.*   *Pré sent.*

Je fou et te.   Je re gret te.   Je gref fe.
Tu fou et tes.   Tu re gret tes.   Tu gref fes.
Il fou et te.   Il re gret te.   Il gref fe.
El le fou et te.   El le re gret te.   El le gref fe.
Nous fou et tons.   Nous re gret tons.   Nous gref fons.
Vous fou et tez.   Vous re gret tez.   Vous gref fez.
Ils fou et tent.   Ils re gret tent.   Ils gref fent.
El les fou et tent.   El les re gret tent.   El les gref fent.

4ᵉ §. la let tre, la be let te, la vi o let te, la ve det te, la rai net te, la cor net te, la ci vet te, la tar get te, la ci bou let te, la tar te let te, la cla ri net te, la bet te ra ve, la cros set te, la chauf fe ret te, la pâ que ret te, la col le ret te.

5ᵉ §. Je com prends tous les ges tes de cet te mu et te.
J'i rai à la mes se de mi nu it : pa pa me le per met.
Fir min a tra cé u ne li gne im per cep ti ble.
Les vi o let tes vont fleu rir dans peu de jours.
Mes pri me vè res ont souf fert de la ge lée.
Mes per ven ches tar de ront peu à fleu rir.
Si mon a u ne in di ges ti on qui le rend ma la de.
Cet te pe ti te col li ne est cou ver te de ver du re.
Ces bet te ra ves se ront pour fai re du su cre.
Met tez de la cen dre dans vo tre chauf fe ret te.
La be let te a le corps long et le nez po in tu.
Le porc-é pic est très-ja loux de sa li ber té.

Suite des syllabes DEUIL, FEUIL, TEUIL.

1er §. Deuil, feuil, neuil, seuil, reuil, teuil.
2e §. feuille, feuilles, feuilla, feuillu, feuillé, feuillée, feuillan, feuillet, treuil, vreuil.

3e §. INDICATIF.   INDICATIF.
Imparfait.   *Imparfait.*

J'effeuillais.   Je breuillais.
Tu effeuillais.   Tu breuillais.
Il effeuillait.   Il breuillait.
Elle effeuillait.   Elle breuillait.
Nous effeuillions.   Nous breuillions.
Vous effeuilliez.   Vous breuilliez.
Ils effeuillaient.   Ils breuillaient.
Elles effeuillaient.   Elles breuillaient.

4e §. La feuille, les feuilles ; la double-feuille, les doubles-feuilles ; la feuillée, les feuillées ; la feuillure, les feuillures ; la feuillette, les feuillettes ; la feuillade, la feuillantine, la feuille-morte, la mille-feuilles, la perce-feuille, la tierce-feuille, la quinte-feuille,

5e §. Je lirai ce livre : je n'ai fait que le feuilleter. Je préfère la feuillantine à la galette.
Regardez comme ce grand chêne est feuillu.
La fleur de la perce-feuille forme une ombelle.
Je me mettrai à l'abri sous cette feuillée.
La quinte-feuille a cinq feuilles réunies.
Ce gros tilleul est déjà couvert de feuilles.
Une feuillette de vin me suffit pour six mois.
Ce large ruban feuille-morte plaira à maman.
J'ai une double-feuille pour faire mon devoir.
Les feuilles de ce pêcher sont déjà flétries.
Ces fleurs s'effeuillent au moindre vent.

Syllabes où le g *est dur devant la lettre* n.

1er §. ag, ag ma, ag nat, ag nath, mag ma ; mag na, ag no, ag nos, mag no, ag nu, ag nus ; ag ni, ag nich, mag ni ; stag, stag na ; ig, ig na, ig né, ig nes, ig ni, ig nis ; og, og nat, cog nat, og ni, og no, og nos.

2e §. INDICATIF.   Elle stag na.
Passé défini.   Nous stag nâ mes.
Je stag nai.   Vous stag nâ tes.
Tu stag nas.   Ils stag nè rent.
Il stag na.   Elles stag nè rent.

3e §. Le mag nat, le cog nat, l'ag noète, l'ag nat, l'ag ni, l'ag nath, le mag ma, l'ag noï te, l'ag nos te, l'Ag nus-Déi, l'ag ni fè re, l'og no to ne, l'ig ni co le, le mag no li er, l'ag nus-cas tus, l'ag no thé ri on, le gé og nos te, le mag ni fi cat, le mag na tis me, l'ig na me, l'ig na tie, l'ig nescen ce, l'ig né o lo gie, l'ag ni ée, l'ag na ti on, la gé cg no sie, la cog na ti on, l'ig ni ti on, l'ig nis pi cie, la stag na ti on.

4e §. gue na, gna ; gue nè, gnet ; gue ni, gni ; gue no, gno, gnos ; gna, gnet, gni, gno, gnos, gnet.

5e §. Le gnet, le gno me, le gno mon, le gno ti cis me, le gno mo lo gue, les gnos ti ques, l'ag nich to ma, la gni de, la gni die, la gno mi de, la gna ble,

6e §. La fleur du mag no li er a une odeur su a ve.
Nous brû lons du lig ni te au lieu de houille.
J'ai soif ; mais je ne boi rai pas de cette eau stag nan te : je trou ve rai là-bas de l'eau cou ran te.
Les fleurs de l'ig na tie ont l'o deur du jas min.
Le plomb et l'é tain ne sont pas sus cep ti bles d'ig ni ti on, car ils fon dent trop fa ci le ment.
L'ig na me se cul ti ve com me la pom me de ter re : sa ra ci ne pè se jus qu'à quin ze ki lo gram mes.

Suite de la syllabe **EX-EXCE**, *etc.*

1ᵉʳ §. ek se, ex ; dek se, dex ; lek se, lex, l'ex ; sek se, sex ; ek sté, ex té ; ek squis, ex quis ; ex pé ; l'ek spé, l'ex pé ; l'ek squis, l'ex quis ; lek san, lex an.

2ᵉ §. ex, dex, lex, sex, ex pé, ex té, ex quis.

3ᵉ §. sek se, se xe ; nek si, ne xi ; vek si, ve xi ; flek si, fle xi ; plek si, ple xi ; ek scè, ex cè ; ek sci, ex ci ; ek sçu, ex su ; ek scen, ex cen ; ek scel, ex cel ; ek scep, ex cep, ek scès, ex cès ; ek sces, ex ces ; l'ek scé, l'ex cé ; l'ek cès, l'ex cès ; l'ek sci, l'ex ci ; l'ek spé, l'ex pé ; l'ek scel, l'ex cel ; l'ek squis, l'ex quis ; vek si, ve xi ; flek si, fle xi ; plek si, ple xi.

4ᵉ §. se xe, ne xi, ve xi, fle xi, ple xi ; ex cè, ex ci, ex su, ex cen, ex cel, ex cep, ex ces ; l'ex cès, l'ex cel ; l'ex pé, l'ex quis ; ve xi, fle xi, ple xi.

5ᵉ §. L'ex cès, l'ex cédant, l'ex ci tant, l'ex quis se, l'ex pé ri en ce, l'ex cel len ce, l'ex ci ta bi li té, l'ex ci ta teur, l'ex ci te ment, l'ex cen tri ci té, la con ve xi té, la ré fle xi on, la com ple xi té, la dé fle xi on, l'ir ré fle xi on, la fle xi bi li té, la con ne xi on, la con ne xi té, la ré fle xi bi li té, l'in fle xi on, l'in fle xi bi li té, la gé nu fle xi on, la fle xi on, la com ple xi on, l'a po ple xie, le se xe.

6ᵉ §. L'in dex est le doigt le plus près du pou cé. La cha leur a é té ex ces si ve di man che der ni er. Alex an dre a u ne brû lu re pro fon de à la jam be. L'an née deux mil le se ra u ne an née bis sex ti le. Pa pa a u ne can ne de jonc qui est très-fle xi ble. Le pla fon neur ba di geon ne ra ce mur ex té ri eur. Ton ju ge ment se for me ra par la ré fle xi on.

Je vais pas ser de vant le Saint Sa cre ment : je fe rai u ne pro fon de gé nu fle xi on.

Ex er ci ce sur la syl la be EX-EGZE, *etc.*

1ᵉʳ §. **eg** za, **ex** a; l'**eg** za, l'**ex** a, l'h**ex** a; l'**eg** zar, l'**ex** ar; l'**eg** zac, l'**ex** ac; **eg** zé, **ex** é; l'**eg** zé, l'**ex** é, l'**ex** è; l'**eg** zer, l'**ex** er; l'**eg** zi, l'**ex** i, l'**ex** il, l'**ex** is; pré **eg** zis, pré **ex** is; **eg** zo, **ex** o; l'**eg** zo, l'**ex** o, l'**ex** or; **eg** zu, **ex** u; **eg** zan, **ex** an, **ex** em; l'**eg** zan, l'**ex** an, l'**ex** em*pt*; **eg** zau, **ex** au; l'**eg** zau, l'**ex** au, l'**ex** *h*aus; **seg** za, se **xa**, se **xu**.

2ᵉ §. **ex** a, l'**ex** a, l'*h***ex** a, l'**ex** ar, l'**ex** ac; **ex** é, l'**ex** é, l'**ex** è, l'**ex** er; **ex** i, l'**ex** i, l'**ex** il, l'**ex** is, **ex** is; **ex** o, l'**ex** o, l'**ex** or; **ex** u; **ex** au, l'**ex** au, l'**ex** *h*aus; **ex** an, l'**ex** an, l'**ex** em*pt*, se **xa**, se **xu**.

3ᵉ § IM PÉ RA TIF.   IM PÉ RA TIF.   IM PÉ RA TIF.
Pré sent et Fu tur. *Pré sent et Fu tur.* *Pré sent et Fu tur*
Ex a gè re.   **Ex** é cu te.   **Ex** *h*or te.
Ex a gé rons.   **Ex** é cu tons.   **Ex** *h*or tons.
Ex a gé rez.   **Ex** é cu tez.   **Ex** *h*or tez.

4ᵉ § L'**ex** o de, l'**ex** é at, l'**ex** em ple, l'**ex** em*pt*, l'**ex** er gue, l'**ex** ar que, l'**ex** er ci ce, l'*h***ex** a è dre, l'*h***ex** a go ne, l'**ex** or de, l'**ex** ac teur, l'**ex** é cu teur, l'**ex** é cu tant, l'**ex** il, l'**ex** or cis me, l'**ex** or cis te, l'**ex** an *th*è me, l'**ex** au ce men*t*, l'**ex** a gé ra teur, l'**ex** a mi na teur, l'**ex** ac ti tu de, l'**ex** é cu tri ce, l'**ex** i gi bi li té, l'**ex** u bé ran ce, l'**ex** *h*aus ti on, la pré**ex** is ten ce, l'**ex** i gen ce, l'**ex** a gé ra tri ce, l'**ex** is ten ce, l'**ex** é cu to**î** re, l'**ex** *h*aus se men*t*.

5ᵉ § Di eu **ex** au ce tou tes **les** pri è res fer ven tes.
Ma **sœur** Ma rie a u ne con du i te **ex** em plai re.
Ma man **est** peu **ex** i gean te pour **ses** ser vi teurs.
Je fe rai **ex** ac te men*t* ce que je d**ois** fai re.
Avan*t* d'a gir, **ex** a mi n**ez** ce que vous de **vez** fai re.
Ces jeu nes sol da*ts* von*t* fai re l'**ex** er ci ce.

Syllabes terminées par EIL.

1ᵉʳ §. l**eil**, m**eil**, r**eil**, s**eil**, t**eil**, tr**eil**, vi**eil**.

2ᵉ §. l**eil**, r**eil**, r**eil** le, r**eil** les, s**eil**s, t**eil**, t**eil** les, v**eil**, v**eil** le, v**eil** les, b**eil** le, r**eil** la, r**eil** lé, v**eil** lé, m**eil** leur, r**eil** leur, r**eil** lard, r**eil** ler, s**eil** lais, v**eil** leur, v**eil** leu*x*, v**eil** lon, v**eil** lan*t*, vi**eil** lo*t*, vi**eil** lar*d*, tr**eil** la, tr**eil** lis.

3ᵉ §. SUBJONCTIF.

Présent et futur.   Qu' **el** le v**eil** le.
  Il faut :   Que nous v**eil** li ons.
Que je v**eil** le.   Que vous v**eil** li ez.
Que tu v**eil** les.   Qu'ils v**eil** lent.
Qu' il v**eil** le.   Qu' **el** les v**eil** lent.

4ᵉ §. Le **c**on s**eil**, le mé t**eil**, le som m**eil**, le so l**eil**, le vi **eil** lo*t*, l'ap pa r**eil**, le tr**eil** la ge, le ré v**eil** leur, le mou r**eil** ler, le mer v**eil** leu*x*, le ré v**eil** lon, l'o r**eil** lar*d*, l'ap pa r**eil** leur, l'ap pa r**eil** la ge, le v**eil** leur, l'ap pa r**eil** le men*t*, le pas se-mé t**eil**, l'é v**eil**, le vi de-bou t**eil** les, le **c**u re-o r**eil** les, l'or t**eil**, le per ce-o r**eil** les, le sur v**eil** lan*t*, le ré v**eil**, le ré v**eil** le-ma tin, le vi **eil** lar*d*, le mar s**eil** lais, le tr**eil** lis, la mer v**eil** le, **les** mer v**eil** les ; **les c**on s**eil**s.

5ᵉ §. Le so l**eil** nous don ne sa lu mi è re **et** sa cha leur,
Je su i vrai **les c**on s**eil**s que pa pa me don ne ra.
L'a b**eil** le se dis tin gue sur tou*t* par son **c**ou ra ge.
Lé on se lè ve ra aus si tô*t* qu' il se ra é v**eil** lé.
Mon frè re se ra tou jours mon m**eil** leur a mi.
J'a chè te rai un din don pour fai re ré v**eil** lon.
Le so l**eil** bais se, **et** le se rein se fait sen tir :
  en trons dans ce vi de-bou t**eil** les, il y a du feu.
Ma pe t te s**œ**ur dor*t* d'un pro fon*d* som m**eil**.

Mots où e *se prononce* a *devant* m, n.

1er §. A, em, en; ça, cem; da, dem; la, lem, len; ra, rem; ta, tem; qua, quem; gea, gem; ti a, ti em.

2e §. Fa me, fem me; la ni, len ni; la nel, len nel; ça ment, cem ment; dem ment, gem ment, lemment, nemment, rem ment, tem ment, ha ni, hen ni;

3e §. La fem me, la fem me let te, la so len ni sa ti on, la so len ni té, l'in dem ni té, le hen nis se ment.

La fem me doit se ren fer mer dans son mé na ge.
La so len ni té de Pâques est très-gran de à Ro me.
Ce villa geois par le tou jours con sé quem ment.
Ma sœur dé si re ar dem ment d'al ler vous voir.
Ce va let m'a ré pon du im per ti nem ment ce ma tin.
Je vous par le con fi dem ment de cet te af fai re.
Je sais per ti nem ment que ce vais seau doit quit ter le port du Hâ vre sous quel ques jours.
J'ai fait ce la in no cem ment, n'y voy ant pas de mal.
Vo tre af faire a é té ju gée in com pé tem ment.
Vic tor, vous par lez tou jours dé cem ment.

4e §. Il ne faut ja mais s'ha bil ler né gli gem ment.
Ce men di ant a vé cu o pu lemment dans sa jeu nes se.
Sou vent ce jeu ne hom me par le im pru dem ment.
Ma tan te de meu rait pré cé dem ment près de nous.
Partez di li gem ment, et re ve nez sans re tard.
Pa pa a trai té in ci dem ment cet te ques ti on.
Ce pau vre sup por te pa ti em ment sa mi sè re.
Vo tre o pi ni on é tait cel le-ci il y a deux jours ; et au jour d'hu i vous par lez tout dif fé rem ment.
Char les s'est con du it très-pru dem ment dans la cir cons tan ce dif fi ci le dont vous par lez.
La tar te de ma man se ra ex cel lem ment bon ne.
Nous so lenni se rons la fê te de No ël a vec vous.

Syllabes où l'o est nul.

1er §. An, aon ; fan, faon ; laon, paon ; cra, craon.
2e §. Faon, laon, paon, Laon, Craonne, Craonnelle.
3e §. Le paon, le paonneau, le paonnier, le faon, le laonnais, Laon, la paonne, la laonnaise.

La ville de Laon était la capitale du Laonnais. Cette dame étrangère a les coutumes laonnaises. Ce jeune cerf n'est qu'un faon : il n'a pas six mois. Ce paonneau a onze mois : il est bon à manger. Nul animal n'atteint le paon pour la beauté. La paonne aime à pondre toujours dans le lieu le plus secret qu'elle peut trouver.

Mots où le c final est nul.

4e §. Le jonc, le tronc, le tabac, le blanc-d'Espagne, le marc, le croc, le cric, le broc, le porc, le lacs, le franc, l'escroc, l'arc-boutant, le porc-marin, l'amict, le respect, le bec-jaune, l'arc-doubleau, l'estomac, le pôle arctique, le pôle antarctique, le clerc, le petit clerc, le maître clerc.

J'ai un lacs de crin pour prendre des moineaux. Le marc de café bouilli rend le café mauvais. Tout le monde doit le respect aux vieillards. L'amict doit se mettre entre la soutane et l'aube. Prenez le broc pour remplir ce tonneau de vin. Je vais soulever cette voiture avec un cric. La cuisinière va pendre son gigot à ce croc. J'irai faire une partie d'échecs ce soir avec vous. Léon était petit clerc il y a quatre ans ; et il a tant travaillé qu'il est devenu maître clerc. La voûte de cette magnifique cathédrale est soutenue par vingt-quatre arcs-boutants.

Étude du caractère italique.

a b c d e f g h i j k l m n
a b c d e f g h i j k l m n
    o p q r s t u v x y z.
    o p q r s t u v x y z.

1er §. a a é é, i i, p p, l l, t t, m m, r r, v v.
a é a é a é a é a é i a i é i é i i a i é
p l p l p p l l p t t p t l t l t t p t l
pa pé pi la lé li ta té ti pé la ti té ta pé li
m r m r m m m r r m r v m v r v r v v m v r
ma mé mi ra ré ri va vé vi mé ra vi ma vi ré mi

2e §. e e, u u, j j, s s, d d, f f, c c, g g.
a e e u o u e u u e j s p j l m t s s j v s
ja jé je ji jo ju sa sé se si so su mo ri
d f d f d d f f d f c d c g c g d g g f g d g
da dé de di do du fa fé fe fi fo fu ça cé ce ci
ço çu gé gi ge gi ge ge gi ge gé gè jé gi ge

3e §. b b, à á, è è, i i, ò ó, û ú, y y, k k, x x, z z, q q, h h.
b d d b d b b d m n b n m n b d n m b n
ba de mé ni bo nu pa bu te ni té bo ni ba né
è ô à è û i y u y è y à y y o y è y y o u a y
né by tu ny la py no by mú dy by ru ry ba
k x k x k x x z x k z x q h x q h k x q
ky xa zy by du mo ny zè xi ke zo xy bu xo xu

4e §. ai ai, eu eu, au au, ei ei, eau eau, ou ou.
bai ceu dai fai geu jau lai meu nai pau reu sau
veu jau rai ceu fau jeu dai bau geu mai peu rai
cei beau fei deau jou gei leau nou mei rou pau sou
sou rai sau reu peu pau rou mai pau nai geu mei
nou bau meu lai dai leau gei jeu jau geu fau jou
deau ceu fai dai rai fei beau jau ceu bai veu cei

Suite du caractère italique.

5° §. an *an*, in *in*, on *on*, en *en*, ain *ain*, ein *ein*, om *om*.

an in an an in on in on an on in an on in an on
ban bin dan fan gin jon lan min nan pon rin vin
zan cin fon gin jan don bin man pin ron san xin
cen bain den fen lain gein main nom pain ren
sein tain ven dom gein lein mein pen rein tom

6° §. cha *cha*, pha *pha*, gna *gna*, pla *pla*, bla *bla*, fla *fla*.

cha châ ché chè phe phi pho phu gna gni gno gnu
che phé gné chi phè gnè cho pha gna chu pho gni
chai cheu chau gnai gneu gneau phan phin phon
chan phin gnon chou phon gneu chai phan gnan

pla ple flé flè blé fli plo flu blo pli fla plu blu
plai fleu flou blou pleu flai fleu plau bleu plai
plan flon blin blen plein frain frein plom blon

7° §. bra *bra*, dra *dra*, fra *fra*, pra *pra*, tra *tra*, vra *vra*.

fré fri tro tru pro pri tra fru bre brè vrè bri
dro vra dri bré vri fro tre pré dru vré tri bru
frau trou preu trei freu treu frin tren prein
train frein breu dreu vreau brou drai vrai
dreau bron drin vron brom drain brin dran

8° §. al *al*, ar *ar*, as *as*, il *il*, ir *ir*, is *is*, ol *ol*.

or *or*, os *os*, ul *ul*, ur *ur*, us *us*.

bal cir dos ful gir jas kir lus mol nur pir pol
ras sur til vos zir mal tus lis pur ral tol
chal char phos phis chir phil chis gnar phal

air, *air*; eur, *eur*; our, *our*; ais, *ais*; eus, *eus*; aus, *ous*.

air eur our eur air our air eur air our eur
pair, beur, dour, chair, gneur, cheur, tour, leur,
mour, neur, pair, sour, teur, bour, cheur, gneur,
bleur, brous, chaus, vreur, trous, treur, blous,
flour, vreur, chair, trous, chaus pleur, brous.

Suite du caractère italique.

9ᵉ §. *ca ca, co co, cu cu, ga ga, go go, gu gu.*
ca co cu cai cou cau can con com cain cal cor cur
cas cons cous cour cais caus coul cons cour, qua, qua.

ga go gu gai gou gau gan gon gain gal gor
gas gos gus gous gol gar gur gour gain gous, gout.

qua que qué què quê qui quo quai queu quai
quan quen quin quar quir queur quit queur, queurs.

10ᵉ §. *tel tel,* m*es* m*es,* r*ep* r*ep,* ma*il* me*il.*
ver ser fer met vet vel per pes ber cer nes ges
mel bel rep des tel ser ver sel per nes cer
bail cail dail fail gail jail lail mail nail pail rail
sail tail vail; beil leil meil neil reil seil teil veil.

11ᵉ §. *a*c *ac, i*c*, o*c*, u*c*, ou*c*, an*c*, in*c, on*c;
a*g ag, ig, og, ug, oug, ba*g*, do*g*, jou*g*, fle*g*.*
ac ic oc uc ouc anc inc onc ec ac ec ic ec uc ec
bac dic fac juc luc noc pic puc fonc sanc tinc
vic dac fic joc lec mac mec nec pac rec suc vec.

ag ig og ug oug ing eg ag eg ig eg og eg oug eg ing
bag dog lug nig bog pig bug nig zag zig lug pig
dog nig bug seg pig reg joug fleg pig theg nig joug.

12ᵉ §. c*la* c*la* c*le,* c*lou,* c*lan;* c*ra* c*ra,* c*reu,* c*rain.*
g*la* g*la,* g*lai,* g*lou,* g*lan,* g*ra* g*ra,* g*reu,* g*rain.*
cla cle clé cli clo clu clai clau clou clan clin
cra cre cré cri cro cru crai creu crou cran crin
gla gle glé gli glo glu glai glau glou glan glon
gra gre gré gri gro gru grai grou gran grin gron.
Le lo to, le do mi no, le nu mé ro, le mo no pole,
le ne veu, le no taire, le ge nou, le do na tai re,
le cham bran le, le tar tre, le pro fil, le pris me,
la com bus ti on, la cour ti li è re, la cou tu ri è re,
le li bel le, le ces si on nai re, le con *fes si on nal.*

7

Ex er ci ce sur l'ar ti cu la ti on CH - K.

1er §. Kis, chis; Kes, ches; ik, ich, l'ich, lych; drak, drach; nek, nech, tek, tech; kla, chla; klo, chlo; kre, chre; kré, chré; krê, chrê; kro, chro; kris, chris, christ; cœur, chœur.

2e § chis, ches, l'ich, lych, drach, nech, tech, chla, chlo, chre, chré, chrô, christ, chœur.

3e §. Le chlo re, le chrê me, le chlo ra te, le bon-chré ti en, le chrô me, le chro no mè tre, le chro ni queur, le chlo ru re, le co chlé a ri a, le chro no gra phe, le chlo ri te, le chlo ri on, le chro no gram me, le chrô ma te, le chré ti en, le chro no lo giste, le chré meau, le méta chro nis me, Chris to phe, le chris ti a nis me, l'an té christ, l'*hy* drach ne, l'ich neu mon, l'or ches tre, le mc nech me, le Kurt chis, la chrétien té, la chronique, la chrétien ne, la chla my de, l'ochre, la chro no lo gie, la pal ma - chris ti, la lych ni de, l'or ches ti que, l'o don to tech nie, la drach me.

4e §. Mon frè re en tre ra à l'é co le po ly tech ni que.
Le pe tit Ju les se ra en fant de chœur di man che.
Chris to phe a lu l'*h*is toi re de son saint pa tron.
Eugène sai*t* la chro no logie des rois de Fran ce.
La pal ma-chris ti a des feuil les très-lar ges.
Au gus tin va jou er du vi o lon à l'or ches tre.
Ma man a ré col té mil le poi res de bon-chré ti en.
Le chlo re ser*t* à blan chir la toi le et le lin ge.
J'ai vu bé nir le sain*t*-chrê me le jeu di-sain*t*.
Un chré ti en doit se dé fi er de la ti é deur.
On n'a bo li ra ja mais le chris ti a nis me.
Lé on, tou*t* le sa ble du chro no mè tre est pas sé;
vo tre œuf est cu i*t*; sor tez-le de l'eau.

Suite de la syllabe AIL, *etc.*

1ᵉʳ §. ail, fail, nail, rail, vail, cail, gail, grail.
2ᵉ §. failli, faillit, naille, cailla, caillou,
railleur, caille, cailles, cailleur, caillet,
caillè, nailleur, gaillar, gaillard, caillot.
3ᵉ §. CONDITIONNEL.   CONDITIONNEL.

  Passé.   *Passé.*
J'aurais caillé. J'aurais graillonné.
Tu aurais caillé. Tu aurais graillonné.
Il aurait caillé. Il aurait graillonné.
Elle aurait caillé. Elle aurait graillonné.
Nous aurions caillé. Nous aurions graillonné.
Vous auriez caillé. Vous auriez graillonné.
Ils auraient caillé. Ils auraient graillonné.
Elles auraient caillé. Elles auraient graillonné.

4ᵉ §. le caillé, le caillot, le caillou, l'écaillage,
l'écaillère, la caillette, le cailloutage,
l'écailleur, le caille-lait, le cailletage,
le caillement, l'écaillement, le cailleteau,
le corailleur, le grenailleur, le gaillard,
la gaillarde, la caille, la caillebotte,
l'écaille, la grenaille.

5ᵉ §. Ce chasseur a tué une perdrix et deux cailles
Léopold n'aime beaucoup le lait caillé.
Léon, je vous montrerai une écaille de carpe.
Je suis tombé sur ce gros caillou pointu, et je
 me suis blessé à la jambe droite.
Théodore, je suis très-satisfait de votre travail.
Je vous préparerai un remède infaillible.
Une rafale faillit m'envoler quand j'étais sur le
 point de descendre de la montagne.
Cette écaillère ne vend que des carpes.

— 100 —

Vous retrouverez fréquemment les mots suivants dans vos lectures ; lisez-les, et les relisez, afin de vous les rendre familiers.

A. ac ca blé, ac cor de, ac cor der, ac cu sant, ac cours, ac court, ac cou rent, ac cou rant, vous al lez, les a lar mes, u ne vi ve al lé gres se, an non ce, ap pel le, ap pe ler, ils a per çoi vent, un a si le, as si se, as su rer, au-des sus, a vec.
B. ban nit, beau coup, bé li er, bel le, bi en, bi ens, bi en tôt, bi en fai san ce, bi en fai teur, bi en faits, bon heur, - bri guant, brill lants,
C. ca chant, cap tifs, ca res se, car ri è re, cé les te, cet te, cha que, cher che, cher cher, chers, cher chait, chez, chi en, choi sir, clar té, cli mats, cœurs, com me, com men cent, com pa gnon, le cœur, com pas si on, comp tant, com pren dre, con duc teurs, con fie, con fi er, con du it, con du its, je con dam ne, je con ju re, con nu, con naît, vous con nais sez, con sen tir, con sa crant, con so le, con so lait, con so ler, cons tru it, con tre, con ti ent, coq, corps, cou lent, cou pa bles, cours, cour roux, cou vre, crai gnez, ils crai gnent, crains, crain tes, cri, cris, cri a-t-il, cri ait-il, croit, croy ant, cru el, cru el le, cru els.
D. d'ac cou rir, d'ai mer, d'al ler, dan gers, d'ar ri ver, dé gui se, de man der, d'é mous ser, der ni er, dès, des cend, des cen dit, je dé sire, dé so lé, dé sor mais, des ti née, de vi en dra, de vi ent, de voir, de voirs, di sait-il, di sent-ils, dit-il. dix ta lens, donc, donne, don né, dois, doit.

E. é cou lé, é cou te, ef fray és, é lo quen ce, en cor, en co re, é per due, é pou se, é pu i sé, en voy é, er reurs, es cla ves, es pé rer, un ex cré ment, un ex em ple, les Ju ifs ex pi aient, ex pri mé.
F. fa mil le, fa ti gue, fé con des, fem me, fers, fes tin, fes tins, fi el, fils, fil le, fi xant, foi, fois, for mer, frap per, fray eur.
G. Ga be lus, gar dé, gar di en, gloi re, gra ce, gra vis sant, gueu le, gui dait, gui de, gui der.
H. hâ tons, hé breu, les Hé breux, hé las, heu reux, l'hé ri ti er, l'hom ma ge, l'hom me, ho no ré, hor reur, hos pi ta li té, les hô tes, les hu mains, hy mé née.
I. J. in con nu, im mo lé, im mo lés, in no cen ce, ir ri ter, ja dis, j'at tes te, je ter, joie, Jo seph, jus qu'à, jus ques à.
L. l'a per çoit, l'a si le, l'a-t-il, l'é pou se, l'es cla va ge, l'es pé ran ce, l'E ter nel, l'hom me, l'hy men, l'in ter ro ge, l'i vres se, l'ob jet, lon gues, long-temps il, l'or don ne, lors que.
M. mai son, mal heu reux, mal heur, mal heurs, ils mar chent, m'é prou ver, mi sè re, mi sè res, mi sé ri cor de, mo des te, mœurs, moi, moi ti é, Moï se, mons tre.
N. Né ces sai re, no bles se, nœuds, n'o sant,
O. Obs cu re, ob ti en drez, ob ti ens, of fen sez.
P. par cou rant, pa rent, ils pa rent, par lez, pays, pa ter nel le, per mi se, pè se, pi ed, pi eds, plai sir, plai sirs, pleu rer, plus, por ter, pos sé der, le pou voir, pré cé der, pré cep te, pre mi er a bord, pre nez, pré sa ge, pré sa geaient, pré sent, pré sen te, pres crit, pres sé, proie, pro mes se, prompt, promp te.

Q. qu'à, quand, qu'aux, que, quel, quelle, qu'elle, qu'en quelques, quelqu'un, qui, qu'il, quitte, quitté, qu'on, qu'un, plus qu'humaine.

R. Ragès, Raguel, réclamant, reçois, reçoit, recommande, récompense, nous reconnaîtrons, redemander, regard, rencontre, rendrez, renouvelle, rentrer, reprocher, réserve, respect, respire, reste, retient, retiennent, revois, revoir, richesse, rien, roi, ruisseler.

S. sagesse, saisissez, sanglant, s'appuyant, sauver, ils s'échappent, s'écoule, secourir, secours, secret, secrète, secrètes, s'écria-t-il, s'enhardit, sept, serez, serment, serre, servir, serviteurs, soir, soixante, sommeil, soutien, soutiens, soutient, ils soutiennent.

T. taille, tendresse, terre, tes habits, t'est, le Tigre, tien, tiens, toi, tomber, toucher, tout-à-coup, tranquille, travail, travers, trésors, trois, tristesse, trouvent, trouver.

V. vainqueur, venez, vengeance, vers, vertus, vieillard, vieillesse, viens, viennent, visage, voile, voilé, voir, vois, voit, voix, voyage, voyant, voyageur, voyageurs, voyez.

Y. les yeux, mes yeux, tes yeux, ses yeux, nos yeux, vos yeux, leurs yeux, aux yeux. la mienne, les miennes; la tienne, les tiennes. la sienne, les siennes; le pied, le trépied.

c-g : le second, la seconde, second, seconder. secondairement, secondement, se condaire; un étage, un faux acte; quand on, quand il, porter un seau, le sang humain, trop avancé; cueillir; (w-ou) le wagon; (w-v) le wurtemberg.

TOBIE.

Poème tiré de l'Écriture Sainte.

Le plus saint des devoirs, celui qu'en traits de flamme
La nature a gravé dans le fond de notre âme,
C'est de chérir l'objet qui nous donna le jour !
Qu'il est doux à remplir ce précepte d'amour !

A Ninive autrefois, quand les tribus en pleurs
Expiaient dans les fers leurs coupables erreurs,
Il fut un juste encore ; il avait nom Tobie.
Consacrant à son Dieu chaque instant de sa vie. [moins
Vieillard, malheureux, pauvre, il n'en donnait pas
Aux pauvres des secours, aux malheureux des soins,
A travers les dangers, par des routes secrètes,
De ses frères captifs parcourant les retraites,
Il consolait la veuve, adoptait l'orphelin ;
Le cri d'un opprimé lui traçait son chemin ;
Et lorsque ses amis, effrayés de son zèle,
Lui présageaient du roi la vengeance cruelle,
Je crains Dieu, disait-il, encor plus que le roi,
Et les infortunés me sont plus chers que moi.
 Un jour, après avoir, pendant la nuit obscure,
A des morts délaissés donné la sépulture,
De travail épuisé, de fatigue abattu,
Sa force ne pouvant suffire à sa vertu,
Le vieillard lentement au pied d'un mur se traîne ;
Il dormait, quand l'oiseau que le printemps ramène,
Du nid qu'il a construit au-dessus de ce mur,
Fait tomber sur ses yeux un excrément impur :
A Tobie aussitôt la lumière est ravie,
Sans se plaindre, adorant la main qui le châtie,

O Dieu ! s'écrie-t-il, tu daignes m'éprouver ;
Je n'en murmure point, tu frappes pour sauver :
Mes yeux, mes tristes yeux, privés de la lumière,
Ne pourront plus au ciel précéder ma prière ;
Vers le pauvre avec peine, hélas ! j'arriverai ;
Je ne le verrai plus, mais je le bénirai.

    Ses amis cependant, sa famille, sa femme,
Loin d'émousser ces traits qui déchiraient son âme,
De porter sur ses maux le baume précieux
De la compassion, seul bien des malheureux,
Viennent lui reprocher jusqu'à sa bienfaisance.
Où donc, lui disent-ils, est cette récompense
Qu'aux vertus, à l'aumône, accorde le Seigneur ?
Le vieillard ne répond qu'en leur montrant son cœur
Mais ce cœur, accablé de ces cruels reproches,
Fort contre le malheur, faible contre ses proches
Désire le trépas, et le demande au ciel.
Sa prière monta jusques à l'Eternel ;
L'Ange du Dieu vivant descendit sur la terre.

    Le vieillard se croyant au bout de sa carrière,
Fait appeler son fils, son fils qui, jeune encor,
De l'aimable innocence a gardé le trésor.
Comme un autre Joseph nourri dans l'esclavage,
Et semblable à Joseph de mœurs et de visage,
Possédant sa beauté, sa grâce et sa pudeur.
Tobie, en l'embrassant, lui dit avec douceur :
Mon fils, la mort dans peu va te ravir ton père ;
De ton respect pour moi fais hériter ta mère ;
Celle qui t'a nourri, qui t'a donné le jour,
Pour de si grands bienfaits ne veut qu'un peu d'amour.
Quel plaisir est plus doux qu'un devoir de tendresse ?
Honore le Seigneur, marche dans sa sagesse ;

Que surtout l'indigent trouve en toi son appui.
Partage tes habits et ton pain avec lui ;
Reçois entre tes bras l'orphelin qui t'implore ;
Riche, donne beaucoup ; et, pauvre, donne encore :
Ce précepte, mon fils, contient toute la loi.
Je dois en ce moment confier à ta foi
Qu'à Gabelus jadis, sur sa simple promesse,
Je laissai dix talens, mon unique richesse :
Va toi-même à Ragès pour les redemander.
Vers ce lointain pays quelqu'un peut te guider :
Cherche dans nos tribus un conducteur fidèle,
Dont nous reconnaîtrons et la peine et le zèle.
Il dit. Son fils le quitte et court vers sa tribu.
Devant lui se présente un jeune homme inconnu
Dont la taille, les traits, la grâce plus qu'humaine
Dès le premier abord et l'attire et l'entraîne ;
Ses yeux doux et brillants, sa touchante beauté,
Son front où la noblesse est jointe à la bonté,
Tout plaît, tout charme en lui par un pouvoir suprême.
 C'était l'ange du ciel envoyé par Dieu même,
Qui venait de Tobie assurer le bonheur.
 L'ange s'offre à servir de guide au voyageur :
Il le suit chez son père, et le vieillard en larmes,
Ne lui déguise point ses soupçons, ses alarmes,
Longtemps il l'interroge et lui tendant les bras :
De mes craintes, dit-il, ne vous offensez pas ;
Vieux, souffrant, et privé de la clarté céleste,
Mon enfant de la vie est tout ce qui me reste :
La frayeur est permise à qui n'a plus qu'un bien.
De mon dernier trésor je vous fais le gardien.
Ah ! vous me le rendrez ; mon âme satisfaite
Eprouve, en vous parlant, une douceur secrète.

Je ne sais quelle voix me dit au fond du cœur
Que vous serez conduit par l'ange du Seigneur.
O mon fils, pour adieu reçois ce doux présage.
Le jeune homme l'embrasse et s'apprête au voyage ;
Il presse, en gémissant, sa mère sur son sein.
Bientôt guidé par l'ange, il se mit en chemin ;
Mais trois fois il s'arrête, et trois fois renouvelle
Ses adieux et ses cris : alors le chien fidèle,
Seul ami demeuré dans la triste maison,
Court, et du voyageur devient le compagnon.
   Ils marchent tout le jour dans ces plaines fécondes
Où le Tigre en courroux précipite ses ondes.
Arrêté sur ses bords pour prendre du repos ;
Tobie, en se lavant, dans ses rapides eaux,
Découvre un monstre affreux dont la gueule béante
Lui fait jeter un cri d'horreur et d'épouvante.
L'ange accourt : Saisissez, lui dit-il, sans frémir,
Ce monstre qu'à vos pieds vous allez voir mourir,
Prenez son fiel sanglant, il vous est nécessaire :
Le temps vous apprendra ce qu'il en faudra faire.
Le jeune Hébreu surpris, obéit à l'instant :
Il partage le corps du monstre palpitant,
En réserve le fiel ; sur une flamme pure
Le reste préparé devient sa nourriture.
   Cependant de Ragès au bout de quelques jours,
Les voyageurs charmés aperçoivent les tours.
L'ange avant d'arriver aux portes de la ville,
De Gabelus, dit-il, ne cherchons point l'asile ;
Dès long-temps Gabelus a quitté ces climats.
Chez un autre que lui je vais guider vos pas.
Le riche Raguel, neveu de votre père,
A pour fille Sara son unique héritière.

Son plus proche parent doit seul la posséder :
La loi l'ordonne ainsi : venez la demander.
Interdit à ces mots, le docile Tobie
Lui répond : ô mon frère, à vous seul je confie
Des malheurs de Sara ce qu'on m'a rapporté,
Tout Israël connaît sa vertu, sa beauté ;
Mais déjà sept époux, briguant son hyménée,
Ont dès le même soir, fini leur destinée.
Que deviendra mon père, hélas ! si je péris ?
Ne craignez rien, dit l'ange, et suivez mes avis.
Ivre d'un fol amour que le Seigneur condamne,
Les amants de Sara brûlaient d'un feu profane :
Ils en furent punis ; mais vous, mon frère, vous
Que la loi de Moïse a nommé son époux,
Dont le cœur aux vertus formé dès votre enfance,
Epousera l'amour par la chaste innocence ;
Vous obtiendrez Sara sans irriter le ciel.
En prononçant ces mots, ils sont chez Raguel.
Tous deux, les yeux baissés, demandant à l'entrée
Cette hospitalité des Hébreux révérée.
Raguel, à leurs voix empressé d'accourir,
Rend grâce aux voyageurs qui l'ont daigné choisir ;
Mais fixant sur l'un d'eux une vue attentive,
Il reconnaît les traits du vieillard de Ninive :
Quelques pleurs aussitôt s'échappent de ses yeux.
Seriez-vous, leur dit-il, du nombre des Hébreux
Que le vainqueur retient dans les champs d'Assyrie ?
Oui, répond l'Ange. — Ainsi vous connaissez Tobie ?
Qui de nous a souffert et ne le connaît pas !
Ah ! parlez ; avons-nous à pleurer son trépas ?
Ou le Seigneur touché de nos longues misères,
L'a-t-il laissé vivant pour exemple à nos frères ;

Il respire, dit l'ange, et vous voyez son fils.
— O jour trois fois heureux ! enfant que je bénis,
Viens, accours dans mon sein ; que Raguel embrasse
Le digne rejeton d'une si sainte race !
Ton père soixante ans fut notre unique appui :
Viens jouir, ô mon fils ! de notre amour pour lui.
   Il appelle aussitôt son épouse et sa fille,
Annonce son bonheur à toute sa famille,
Et veut que d'un bélier immolé par sa main
Aux hôtes qu'il reçoit on prépare un festin.
   On obéit. Tobie, assis près de son guide,
Sur la belle Sara porte un regard timide ;
Il rencontre ses yeux ; aussitôt la pudeur
Couvre son jeune front d'une aimable rougeur.
Il s'enhardit pourtant : et d'une voix émue :
O Raguel, dit-il, notre loi t'est connue !
Tu sais qu'elle prescrit des nœuds encor plus doux
Aux liens que le sang a formés entre nous ;
Je réclame la loi, je suis de ta famille :
Au fils de ton ami daigne accorder ta fille.
Mes seuls titres, hélas ! pour obtenir sa foi,
Sont le nom de mon père et mon respect pour toi.
Le vieillard, à ces mots, sent naître ses alarmes,
Il élève au Seigneur des yeux remplis de larmes :
Son épouse et sa fille, en se pressant la main,
Ont caché toutes deux leur tête dans leur sein,
Mais l'ange les rassure, et sa douce éloquence
Dans leurs cœurs pas à pas fait rentrer l'espérance ?
Il les plaint, les console, et de leur souvenir
Bannit les maux passés par les biens à venir.
Raguel entraîné cède au pouvoir suprême
De ce jeune inconnu qu'il révère et qu'il aime,

Il unit les époux au nom de l'Eternel,
Les bénit en tremblant, les recommande au ciel;
Et pendant le festin, sa timide allégresse
Voile quelques instants sa profonde tristesse.
Le repas achevé dans leur appartement
Les deux nouveaux époux sont conduits lentement;
A genoux aussitôt le front dans la poussière,
Ils élèvent au Ciel leur touchante prière :
Dieu puissant, disent-ils, qui daignas de tes mains
Former une compagne au premier des humains,
Afin de consoler sa prochaine misère
Par le doux nom d'époux et par celui de père,
Nous ne prétendons point à ce bonheur parfait,
Qui pour le cœur de l'homme, hélas! ne fut point fait,
Mais donne-nous l'amour des devoirs qu'il faut suivre,
La vertu pour souffrir, la tendresse pour vivre,
Des héritiers nombreux dignes de te chérir,
Et des jours innocents passés à te servir,
Dans ces devoirs pieux la nuit s'écoule entière.
Dès que le chant du coq annonce la lumière,
Raguel, son épouse, accourent tout tremblants,
N'osant pas espérer d'embrasser leurs enfants :
Ils les trouvent tous deux dans un sommeil tranquille.
De festons aussitôt ils parent leur asile,
Font ruisseler le sang des taureaux immolés,
Et retiennent dix jours leurs amis rassemblés.

 L'ange pendant ce temps, au fond de la Médie,
Allait redemander le dépôt de Tobie.
Gabelus le lui rend : et l'ange de retour
Au milieu des plaisirs de l'hymen, de l'amour
Retrouve son ami pensif et solitaire,
Soupirant en secret de l'absence d'un père.

Partons, lui dit Tobie, ô mon cher bienfaiteur!
Etre heureux loin de lui pèse trop sur mon cœur.
Parmi tant de festins, au sein de l'opulence,
Je ne vois que mon père en proie à l'indigence:
Hâtons-nous, hâtons-nous d'aller le secourir;
Obtiens de Raguel qu'il nous laisse partir.
Il est père : aisément son âme doit comprendre
Ce qu'un fils doit d'amour au père le plus tendre.
   Il dit. L'ange aussitôt va trouver Raguel:
Il le fait consentir à ce départ cruel.
Le malheureux vieillard les conjure, les presse
De revenir un jour consoler sa vieillesse:
Tobie en fait serment; et bientôt les chameaux,
Les esclaves nombreux, les mugissants troupeaux,
Qui de la jeune épouse ont été le partage,
Vers la terre d'Assur commencent leur voyage.
L'ange, présent partout, guide les conducteurs.
Sara, le front voilé, cachant ainsi ses pleurs,
Assise sur le dos d'un puissant dromadaire,
Soupire et tend de loin ses deux bras à sa mère.
Son époux la soutient sur son sein palpitant,
Et le fidèle chien marche en les précédant.
   Hélas! il était temps que le jeune Tobie
A son malheureux père allât rendre la vie.
Depuis qu'il est parti, ce vieillard désolé,
Comptant de son retour le moment écoulé,
Se traînait chaque jour aux portes de Ninive.
Son épouse guidait sa démarche tardive.
Le vieillard restait seul, assis sur le chemin;
Vers chaque voyageur il étendait la main.
Le voyageur passait; et Tobie en silence
Pour la retendre encore attendait l'espérance.

Sa femme, gravissant sur les monts d'alentour,
Cherchait bien loin des yeux l'objet de son amour;
Pleurait de ne point voir cet enfant qu'elle adore;
Et suspendait ses pleurs pour le chercher encore.
 Mais ce fils approchait : accusant ses lenteurs
Il laisse ses troupeaux aux soins de leurs pasteurs,
Les précède avec l'ange, et sa mère attentive
L'aperçoit tout-à-coup accourant vers Ninive.
Elle vole aussitôt, craint d'arriver trop tard.
Mais le chien plus prompt qu'elle, est auprès du vieillard;
Il reconnaît son maître, il jappe, il le caresse,
Exprime par ses cris sa joie et sa tendresse.
Le malheureux aveugle à ces cris qu'il entend,
Juge que c'est son fils que le Seigneur lui rend:
Il se lève; et d'un pas chancelant et rapide,
Marchant, les bras ouverts, sans soutiens et sans guide,
O mon fils, criait-il, c'est toi, c'est toi...! Soudain
Le jeune homme en pleurant s'élance dans son sein:
Le vieillard le reçoit, et le serre, et le presse;
D'un long embrassement il savoure l'ivresse;
Au défaut de ses yeux, sa paternelle main
S'assure d'un bonheur qu'il croit trop peu certain.
La mère arrive alors palpitante, éperdue,
Réclamant à grands cris une si chère vue,
Les larmes du bonheur coulent de tous les yeux;
Et l'ange, en les voyant, se croit encore aux cieux.
Après ces doux transports, l'ange dit à son frère
De toucher du vieillard la tremblante paupière,
Avec le fiel du monstre immolé par ses mains.
Le jeune homme obéit à ces ordres divins,
Et Tobie aussitôt voit la clarté céleste.
Gloire à toi, cria-t-il, Dieu puissant que j'atteste!

J'avais péché long-temps; et long-temps je souffri
Mais je revois enfin et le ciel et mon fils,
O mon Dieu! je rends grâce à ta bonté propice:
Oui, ta miséricorde a passé la justice.

Il dit: et de Sara les serviteurs nombreux,
Les troupeaux, les trésors viennent frapper ses yeux
La modeste Sara descend, lui fait hommage.
De ses biens devenus désormais son partage;
Lui demande à genoux d'aimer et de bénir
L'épouse qu'à son fils le ciel voulut unir.
Le vieillard étonné la relève et l'embrasse;
Il admire ses traits, sa jeunesse, sa grâce.
Et, s'appuyant sur elle, écoute le récit
De ce qu'a fait son Dieu pour l'enfant qu'il chérit.
Mais, ajoute ce fils, vous voyez dans mon frère
Mon soutien, mon sauveur, mon ange tutélaire:
Il a guidé mes pas, il défendit mes jours,
C'est de lui que je tiens l'objet de mes amours,
Lui seul vous fait revoir la céleste lumière;
Il m'a donné ma femme, il m'a rendu mon père;
Hélas! que peut pour lui notre vive amitié?
Des trésors de Sara donnons-lui la moitié.

Amiens. — Typ. d'Alfred Caron fils, rue de Beauvais, 42.

M. Lefebvre a fait une Méthode de Lecture qui a un grand succès.

Il publiera à Pâques 1866 une nombreuse série d'exercices gradués pour familiariser les élèves à additionner, à multiplier, à soustraire et à diviser. La disposition est telle que l'élève apprend chaque jour une ou deux sommes nouvelles, ou bien un ou deux produits nouveaux ; en sorte que la table d'addition d'abord, et plus tard la table de multiplication entrent goutte à goutte dans le cerveau de l'enfant (comme le veut Rollin), ce qui rend l'étude de ces tables très-sûre et peu laborieuse.

www.ingramcontent.com/pod-product-compliance
Lightning Source LLC
Chambersburg PA
CBHW070519100426
42743CB00010B/1874